Début d'une série de documents en couleur

Louis GUIBERT

COUP D'ŒIL SUR L'HISTOIRE

DE LA

VILLE DE LIMOGES

LIMOGES
IMPRIMERIE ET LIBRAIRIE LIMOUSINES
Vᵉ H. DUCOURTIEUX
Libraire de la Société archéologique du Limousin et de la Société Gay-Lussac
7, RUE DES ARÈNES, 7
1902

OUVRAGES DU MÊME AUTEUR :

Le Château de Châlucet (avec un plan). — Limoges, Sourilas-Ardillier, 1863 (2ᵉ édit., revue et augmentée, 1871).

Crucifixa. — Paris, Dentu, 1863.

Rimes franches. — Paris, Librairie centrale, 1864.

Dolentia. — Paris, Librairie centrale, 1865.

Légendes du Limousin. — Paris et Tournai, Casterman, éd. 1864, 1866 et 1876.

Limoges et le Limousin. — Paris et Tournai, Casterman, éd. 1868 et 1875.

Quelques notes sur la surveillance légale, lettre à un député. — Paris, F. Henry, 1870.

Les Employés de Préfecture. — Paris, F. Henry, 1870.

L'Assemblée du 8 février et la Loi électorale. — Lyon, Josserand, 1871.

Un Journaliste Girondin. — Limoges, Sourilas-Ardillier, 1871.

De la Grève, du Travail et du Capital, conférence faite à une Association ouvrière de Lyon, le 30 mai 1870 (extrait de la *Décentralisation*). — Lyon, Josserand, 1871.

Questions électorales. — Paris, E. Lachaud, 1871.

Notes de Voyage (Mauvais jours, Ex intimo, Poésies diverses). — Paris, E. Lachaud, 1872.

La Crise des subsistances et les emprunts de la période révolutionnaire à Limoges (extrait de l'*Almanach limousin*). — Limoges, Vᵉ Ducourtieux, 1873.

Monuments historiques de la Haute-Vienne, rapport de la Commission de la Société archéologique et historique du Limousin (extrait du *Bulletin* de cette Société). — Limoges, Chapoulaud frères, 1874.

Assurances sur la Vie, notions pratiques. — Limoges, Vᵉ Ducourtieux, 1876.

Une page de l'histoire du Clergé français au xviiiᵉ siècle. Destruction de l'ordre et de l'abbaye de Grandmont. Carte des maisons de l'ordre. — Limoges, librairie Vᵉ Ducourtieux, et Paris, librairie Champion, 1877. 1 vol. in-8º (*Épuisé*).

Rimes couleur du temps. — Paris, Dentu, 1877.

Sceaux et armes de l'Hôtel-de-Ville de Limoges. Sceaux et armes des villes, églises, cours, etc., des trois départements limousins. — Limoges, Chapoulaud, 1878.

Le Parti Girondin dans le département de la Haute-Vienne (extrait de la *Revue historique*). — Paris, 1878.

Les Pénitents (extrait de l'*Almanach limousin*). — Limoges, Vᵉ Ducourtieux, 1879.

Les Confréries de Pénitents en France et notamment dans le diocèse de Limoges (avec un dessin) — Limoges, Vᵉ Ducourtieux, 1879.

Coutumes singulières de quelques confréries et de quelques églises du diocèse de Limoges. — Limoges, Chapoulaud frères, 1879.

Anciens registres des paroisses de Limoges. — Limoges, Chapoulaud frères, 1881.

France ! chants, poèmes et paysages (avec MM. G. David, A. Hervé, P. Mieusset et A. Tailhand). — Paris, P. Ollendorff, 1881.

Les Hôtels-de-Ville de Limoges (extrait de l'*Almanach limousin*). — Limoges, Vᵉ Ducourtieux, 1882.

Le Livre de raison d'Étienne Benoist (1426). Avec un fac-simile. — *Ibid.*, 1882.

L'Orfèvrerie limousine au milieu du xviiᵉ siècle (extrait du journal l'*Art*.) Paris, 1882.

Les Dettes de la ville de Limoges et le Conseil municipal. — Limoges, A. Ussel et G. Tarnaud, 1882.

L'Eau de ma Cave, deuxième lettre à la Municipalité et au Conseil municipal. — Limoges, A. Ussel et G. Tarnaud, 1882.

Le Tombeau de Guillaume de Chanac, à Saint-Martial de Limoges (extrait du *Cabinet Historique*). Paris, Champion, 1882. — Réédition, Tulle, Crauffon, 1883.

La Famille limousine d'autrefois, d'après les testaments et la Coutume. — Limoges, librairies Vᵉ Ducourtieux et Leblanc, 1883.

Quelques notes extraites du Cartulaire d'Aureil. — Tulle, Crauffon, 1883.

Les Corporations de métiers en Limousin et spécialement à Limoges (extrait de la *Réforme sociale*). — Paris et Limoges, Ducourtieux, 1883.

L'Instruction primaire en Limousin sous l'ancien régime. — Limoges, Vᵉ Ducourtieux, 1889.

OUVRAGES DU MÊME AUTEUR *(suite)*

Les Confréries de dévotion et de charité et les œuvres laïques de bienfaisance à Limoges, avant le xv° *siècle* (extrait du *Cabinet historique*). — Paris, Champion, 1883.

Le Prédicateur Ménauld (extrait de l'*Almanach limousin*). — Limoges, V° Ducourtieux, 1884.

Commentaires d'Etienne Guibert sur la Coutume de Limoges (1628) *avec une note sur les différents textes de cette Coutume.* Limoges, Société générale de papeterie, 1884.

Le Bénédictin Dom Col en Limousin. — Limoges, V° Ducourtieux, 1884.

La Ligue à Limoges (1589). — Limoges, V° Ducourtieux, 1884.

Journal du Consul Lafosse (1649). — Limoges, V° Ducourtieux, 1884.

Registres Consulaires de la ville de Limoges, 1508-1790, publié sous les auspices de la Société archéologique et historique du Limousin : publication commencée par M. Émile Ruben, secrétaire général de cette Société et continuée par M. L. Guibert, vice-président, 6 vol. in-8°, 1867-1898.

L'Orfèvrerie et les Orfèvres de Limoges (dessins). — Limoges, V° Ducourtieux, 1885.

La Corporation Limousine : ses caractères, son rôle, phases principales de son histoire. Rapport présenté au Congrès des œuvres catholiques tenu à Limoges (août-septembre 1885). — Extrait de *LaControverse et le Contemporain.* — Limoges, V Ducourtieux, 1885.

Sceaux et Armes des deux villes de Limoges et des villes, églises, cours, etc. Supplément. — Limoges, V° Ducourtieux, 1885 (dessin de M. Bourdery).

Les Emigrés Limousins à Quiberon. — Limoges, V° Ducourtieux, 1885.

Des formules de date et de l'époque du commencement de l'année en limousin. Tulle, Crauffon, 1886.

Les Enclaves Poitevines du diocèse de Limoges (carte). — Limoges, V° Ducourtieux, 1886.

Les Foires et Marchés limousins aux xiii° et xiv° siècles (extrait de l'*Almanach limousin.* — Limoges, V° Ducourtieux, 1887.

Le Limoges d'autrefois, sa physionomie, ses habitants, ses mœurs, ses institutions. — Limoges, V° Ducourtieux, 1887.

Châlucet (6 dessins de M. F. de Verneilh et plan). — *Ibid*, 1887. un vol. in-8°.

Les Tours de Chalucet (6 dessins de M. F. de Verneilh et plan). — *Ibid.,* 1887.

La Société archéologique de Limoges à l'Exposition de Tulle, dessin de M. Louis Bourdery). — Limoges, L. Boyer et V° Ducourtieux, 1887, in-18.

Le Budget de la ville de Limoges au moyen-âge. — *Ibid.,* 1888, in-18.

La dette Beaupeyrat. — *Ibid.,* 1888, in-18.

Le Livre de Raison des Baluze. — *Ibid.,* 1888, in-8°.

L'orfèvrerie et les émaux d'orfèvre à l'Exposition de Limoges, en 1886. — *Ibid.,* 1888, in-8° (2 dessins).

Peintures murales de l'église de Saint-Victurnien. — *Ibid.,* 1888, in-8° (dessin).

L'Ecole monastique d'orfèvrerie de Grandmont et l'autel majeur de l'église abbatiale (deux planches). — *Ibid.,* 1888, in-8°.

Exposition rétrospective de Limoges, 1886. — Photographies par Mieusement, texte par L. Guibert (50 planches). Paris, G. Chamerot, in-fol., 1887.

Un mariage à Limoges en 1637. — Limoges, V° Ducourtieux, 1887 (deux éditions).

Exposition de Limoges : L'Art rétrospectif, par MM. L. Guibert et Jules Tixier. — *Ibid.,* 1888 (104 planches).

Catalogue des manuscrits de la Bibliothèque communale de Limoges (t. IX du Catalogue général des manuscrits des Bibliothèques publiques de France. départements). — Paris, Plon et Nourrit, 1888.

Le Graduel de la Bibliothèque de Limoges (extraits du *Bulletin du Comité des travaux historiques*). — Paris, 1888.

Livres de raison, Registres de famille et Journaux individuels limousins et marchois (publ. avec le concours de MM. A. Leroux, P. et J. de Cessac et l'abbé Lecler). — Limoges, V° Ducourtieux et Paris, Alph. Picard, 1888.

Anciens statuts du diocèse de Limoges (extrait du *Bulletin du Comité des travaux historiques*). — Paris, E. Leroux, 1889.

Les Cahiers de la Marche et du Limousin en 1789. — *Ibid.,* 1889.

Monuments historiques de la Haute-Vienne. Rapport de la Commission nommée par
la Société archéologique du Limousin. — *Ibid.*, 1889.

Association des anciens élèves du Lycée de Limoges. Banquet du 27 novembre 1889.
Toast au Lycée de Limoges. — *Ibid*, 1890.

Notice sur le Cartulaire de l'abbaye cistercienne d'Obazine. — Tulle, Crauffon, 1890.

Les syndics du commerce à Limoges. — Limoges, V⁰ Ducourtieux, 1890.

Les communes en Limousin, du XII⁰ au XV⁰ siècle (extrait de la *Réforme*). — *Ibid.*, 1891.

La commune de St-Léonard de Noblat au XIII⁰ siècle (plan). — Limoges, V⁰ H.
Ducourtieux, et Paris, Alph. Picard, 1891.

Les Institutions privées et les Sociétés d'économie, d'épargne et de crédit à Limoges
(extrait de la *Réforme sociale*). — Paris, Société d'Économie sociale, 1891.

De l'importance archéologique des Livres de raison (Congrès de la Société française
d'archéologie tenu à Brive en 1890). — Caen, Henry Delesques, 1892.

Le troisième mariage d'Etienne Benoist. — Limoges, Ducourtieux, 1892.

Les Manuscrits du Séminaire de Limoges (notice et catalogue). *Ibid.*, 1892.

La Monnaie de Limoges. — *Ibid.*, 1893.

Collections et collectionneurs Limousins : la collection Taillefer. — *Ibid.*, 1893 (un
dessin de M. Jules Tixier).

Les premiers imprimeurs de Limoges. — *Ibid.*, 1893.

Luron : topographie, archéologie, histoire (plan). — *Ibid.*, 1893.

Reliquaires Limousins : types, formes et décor. — Tulle, Crauffon, 1895.

Nouveau recueil de Registres domestiques Limousins et Marchois, avec le concours de
MM. Alfred Leroux, J.-B. Champéval, l'abbé Leclerc et Léonard Mouffle. Tome 1ᵉʳ. —
Limoges, V⁰ Ducourtieux, et Paris, Alph. Picard, 1895. — (Le tome second est sous
presse).

Ce qu'on sait de l'enlumineur Evrard d'Espinques. — Guéret, Amiault, et Limoges,
V⁰ H. Ducourtieux, 1895.

Les anciennes confréries de la basilique de Saint-Martial. — *Ibid.*, 1895.

Le Consulat du Château de Limoges au moyen âge. — *Ibid.*, 1895.

Ce que coûtait au XIV⁰ siècle le tombeau d'un cardinal. — Paris, Plon, Nourrit et Cⁱᵉ, 1895

La Pierre dite de Saint-Martin, à Jabreilles. (Dessin de M. Bourdery). — Limoges,
V⁰ Ducourtieux, 1896.

Prédicateurs et prédications d'autrefois. — Limoges, Perrette, in-32, 1897.

*Limoges qui s'en va : 1. Le quartier Viraclaud ; 2. Le Verdurier, Vieille-Monnaie,
Arbre-Peint, Rajilhou.* (Extrait de la *Gazette du Centre*). — Limoges, Perrette, 1897.

*Documents, analyses de pièces, extraits et notes relatifs à l'histoire municipale des
deux villes de Limoges*, deux volumes in-8 (tomes VII et VIII de la série : *archives
anciennes* publiée par la Société des Archives historiques du Limousin). — Limoges,
F. Plainemaison, 1897, et V⁰ Ducourtieux, 1901.

Les archives de famille des Péconnet de Limoges. — Limoges, V⁰ Ducourtieux, 1898.

*Les anciennes sépultures de l'abbaye de Saint-Martin-les-Limoges, et la crosse de
l'archevêque Geoffroi.* — Limoges, V⁰ Ducourtieux, 1898.

Un livre allemand sur le Limousin. (Extrait de la *Gazette du Centre*). — Limoges, imp.
de la *Gazette du Centre*, 1898.

Registre des anniversaires de la Communauté de prêtres séculiers de Magnac-Laval. —
Limoges, V⁰ Ducourtieux.

Les Evêques de Limoges et la paix sociale. — Limoges, V⁰ Ducourtieux, 1898.

La Maison Nivet à Limoges (Planche). — Limoges, V⁰ Ducourtieux, 1898.

Une affaire de trahison au XV⁰ siècle. — Limoges, Perrette, in-32, 1899.

Anciens Dessins des Monuments de Limoges. — Limoges, V⁰ Ducourtieux, in-8°, 1900.

Les Vues de Limoges de Joachim Duviert. — Limoges, V⁰ Ducourtieux, in-18, 1900.

Limoges à la fin de la guerre de cent ans. — Limoges, V⁰ Ducourtieux, in-18, 1901.

Préfet modèle, saynète. — Limoges, Perrette, in-18, 1902.

Un livre sur l'abbaye de Saint-Martial de Limoges. — Limoges, V⁰ Ducourtieux,
in-8° 1902.

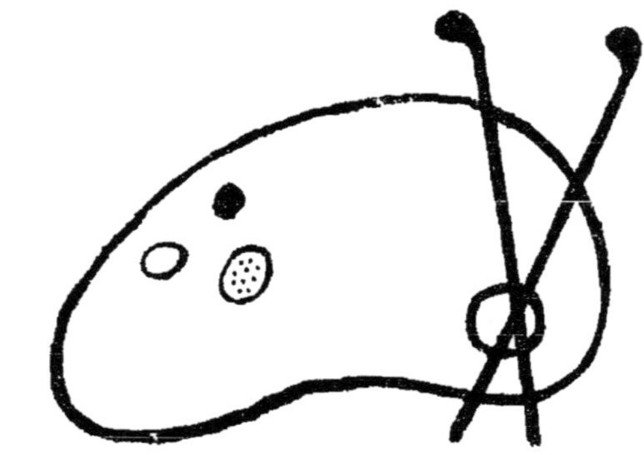

Fin d'une série de documents
en couleur

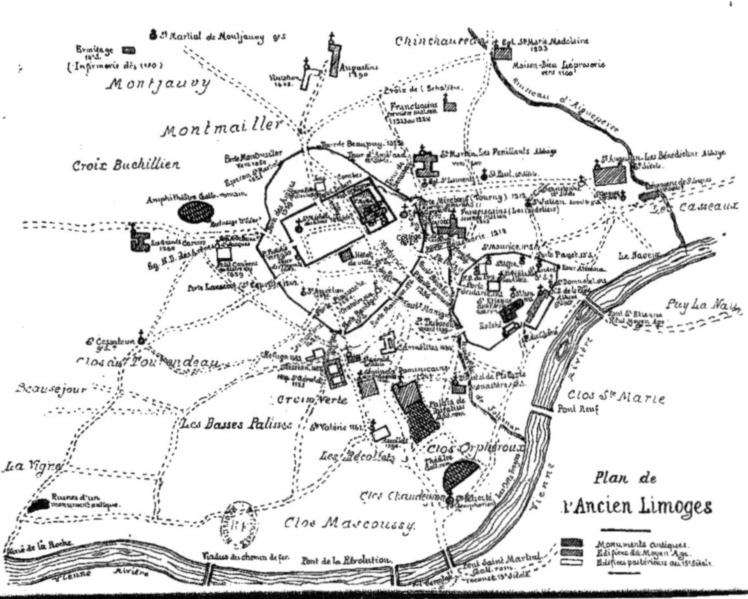

Plan de
l'Ancien Limoges
Monuments antiques.
Édifices du Moyen Age.
Édifices postérieurs au 15e Siècle.
Ermitage
(Infirmerie dès 1470)
St Martial de Montjauvy grs
Chinchaurec
Egl. Ste Marie Madeleine 1223
Maison-Dieu Léproserie vers 1100
Montjauvy
Montmailler
Visitation 1642
Augustins 1290
Croix de l'Schalibre
Franciscains première maison 1223 ou 1224
Ruisseau d'Aiguepesse
St Augustin Les Bénédictins Abbaye
Croix Buchillien
Porte Montmailler vers 1280
Tour de Beaupuy 1312
Tour d'Amblard
St Martin Les Pénitents Abbaye
St Augustin Les Bénédictins Abbaye
Les Casseaux
Éperon St Martial
Egl. St Laurent
St Paul
Amphithéâtre Gallo-romain
Porte Mirebeau (Tourny) 1312
Franciscains (Les Cordeliers)
Reclusage
Les Grands Carmes 1269
Eg. N.D. des
Hôtel de ville
Ste Marie 1218
St Maurice 1er Sle
Porte Paget
Tour Aldenne
Le Naveix
Porte Lansecot
Collège
Puy La Nain
St Cessateur grd.
Pont St Etienne Mal Moyen Age
Clos au Fouzandeau
Carmélites
Clos Ste Marie
Pont Neuf
Beauséjour
Dominicains
Rivière
Croix Verte
Les Basses Palisses
St Valérie 1461
Palais de Justice monastère
Théâtre
Clos Orphéroux
Vienne
La Vigne
Les Récollets
Ruines d'un monument antique
Clos Chaudron
Plan de l'Ancien Limoges
Roche de la Roche
Viaduc du chemin de fer
Clos Mascoussy
Pont de la Révolution
Pont Saint Martial Gallo-rom. reconst. 18e Siècle
Vienne Rivière

Louis GUIBERT

COUP D'ŒIL SUR L'HISTOIRE

DE LA

VILLE DE LIMOGES

LIMOGES

IMPRIMERIE ET LIBRAIRIE LIMOUSINES

Vᵉ H. DUCOURTIEUX

Libraire de la Société archéologique du Limousin et de la Société Gay-Lussac

7, RUE DES ARÈNES, 7

1902

COUP D'ŒIL SUR L'HISTOIRE

DE LA

VILLE DE LIMOGES

*Conférence faite aux jeunes gens de la Réunion de Sonis
à l'Ecole Saint-Martial (1)*

MESSIEURS,

En parcourant en tous sens, dans vos promenades, les rues et les
faubourgs de Limoges, vous ne songez guère, j'imagine, aux générations qui vous y ont précédés et aux monuments dont vous
foulez la poussière. Cette indifférence est toute naturelle ; on ne

(1) Il a quelque vingt-cinq ans, l'auteur de cette conférence, alors tré-
sorier de l'Association amicale des anciens élèves du lycée de Limoges,
s'était demandé s'il ne serait pas possible de donner aux élèves de notre
grand établissement universitaire, tout au moins aux jeunes gens des
classes supérieures, quelques notions d'histoire locale et provinciale
et de chercher par là à éveiller chez eux, avec la curiosité des choses de
la petite patrie, le goût de les étudier. L'idée, bien que son exécution offrît
quelque difficulté, souriait à l'excellent proviseur qui dirigeait alors la
maison, M. Richaud : un lettré délicat et un aimable poète. Mais M. Richaud quitta Limoges et les circonstances ne permirent pas de reprendre
un projet qui était du reste demeuré imprécis. Après un quart de siècle,
nous avons dû à la bienveillance de M. le chanoine Dublanchy, supérieur
du collège libre de Saint-Martial, de réaliser un souhait bien ancien déjà,
comme on le voit : nous lui en exprimons notre respectueuse gratitude.

1

saurait s'intéresser à ce qu'on ignore : *ignoti nulla cupido.* Vous avez étudié la grande histoire, l'histoire des peuples, des guerres, des évènements qui ont modifié les territoires des nations et transformé les nations elles-mêmes, des institutions qui ont régi les royaumes et les républiques; mais l'histoire de la petite patrie, de la province et de la cité, celle des groupes qui constituent les molécules du corps social, la vie de la commune et de la corporation, de l'atelier et de la famille, vous n'en savez pas grand'chose, et ne soupçonnant point l'intérêt qui s'y attache, vous ne pouvez vous en préoccuper. L'heure n'est pas encore venue où l'importance et le charme de cette étude se révèleront à votre esprit, et où vous songerez à y rechercher le secret de bien des problèmes, l'origine de bien des questions qui agitent et passionnent notre époque.

Je voudrais cependant éveiller dès à présent votre attention sur ce passé qui la sollicite à tant de titres, et vous inspirer au moins quelque désir de le mieux connaître, en vous entretenant de l'histoire, des vicissitudes et des monuments de cette ville, berceau de beaucoup d'entre vous et à laquelle vous demeurerez tous rattachés par un lien bien fort : le souvenir de vos excellents maîtres et de vos études poursuivies sous le patronage de Saint Martial. — Des évènements considérables se sont déroulés dans ce cadre modeste, sur ce sol qui vous est familier, entre ces pittoresques collines, témoins aujourd'hui de vos jeux; des édifices magnifiques y ont surgi de terre ; des monastères au loin renommés y ont vécu ; des institutions bienfaisantes, inspirées par le pur esprit de l'Evangile, s'y sont implantées ; on a vu s'y former des groupements sociaux d'un type parfois original, répondant à certaines nécessités de la vie ou à des aspirations particulières de l'âme humaine. Les arts et les lettres y ont fleuri ; des industries prospères y ont eu leur foyer ; le commerce y a pris un remarquable développement. L'histoire de Limoges, en un mot, n'est ni sans intérêt ni sans gloire. Je ne saurais vous en donner qu'une bien terne esquisse. Je compte sur votre jeune imagination pour compléter le tableau et y ajouter la couleur et le charme dont cet aperçu trop sommaire sera nécessairement dépourvu.

A l'origine de toutes choses on trouve des traditions, plus ou moins vagues, souvent accommodées et transformées au cours des siècles, tantôt par l'imagination populaire, tantôt par la fantaisie des lettrés. Le souvenir confus des migrations des peuplades primitives, des apports successifs fournis à la population par de nouveaux immigrants, subsiste partout. Nous le constatons chez nous, où, de temps immémorial, on a attribué à des héros venus de l'Orient, sinon le premier peuplement du pays, tout au moins sa plus ancienne conquête sur les aborigènes et la fondation des principales villes. L'auteur des *Annales manuscrites* de Limoges, indigeste compilation dont la rédaction définitive ne remonte pas au-delà du dix-septième siècle, raconte que notre ville a été fondée par un prince Troyen, Lemovix, frère de Pictovix, qui bâtit Poitiers, et fils du vieil Alvernus, échappé à la première catastrophe d'Ilion et fuyant la colère d'Hercule. Limoges n'aurait ainsi rien à envier à Rome, et nos poètes sauraient au besoin où trouver leur Enée. Il ne faut pas oublier, du reste, que les traditions relatives à l'infusion de sang troyen dans les veines de certaines peuplades du centre de la Gaule remontent à l'antiquité. Rappelez-vous ce vers de la *Pharsale*, où Lucain s'indigne de trouver chez les Arvernes des prétentions à une communauté d'origine avec les maîtres du monde :

> *Arvernique ausi Latio se fingere fratres*
> *Sanguine ab Iliaco.....*

Un autre Lemovix dispute au prince Troyen l'honneur d'avoir fondé Limoges. Celui-là appartenait à la race des géants et vivait, au calcul d'un savant magistrat, Siméon Descoustures, qui évoque son souvenir dans un discours de 1605 sur l'origine de notre ville, « au temps où Pannias régnait sur l'Assyrie, Ramsès sur l'Egypte, et où Gédéon était juge d'Israël ». Plusieurs écrivains du seizième siècle en témoignent aussi avec une remarquable sérénité.

L'annaliste reproduit, après Descoustures, cette seconde légende comme il a énoncé la première, puisée aux « vieux mémoires du pays », et ne se reconnaissant pas les lumières nécessaires pour faire entre elles un choix, il conclut, en honnête et prudente personne : « J'en laisse le jugement à Dieu, ne sachant les accorder. »

Nous imiterons sa réserve et, sans vouloir percer les voiles impénétrables d'un trop lointain passé, nous chercherons quelles notions un peu précises nous fournissent, sur Limoges et les habitants de la contrée, les écrivains de l'antiquité. Ces indications se résument à fort peu de chose. César, Strabon, Pline le naturaliste et Ptolémée nomment la peuplade des Lémovices : Λεμουίκες, Λεμουίκοι, *Lemovices*. Les trois premiers ne parlent pas du chef-lieu de leur territoire; seul le dernier en fait mention. On pense généralement que le nom primitif de cette bourgade était *Rith*, *Ritu* ou *Rita*, qui signifie « gué ». M. Desjardins, l'éminent géographe de la Gaule, estime toutefois que ce mot devait être précédé d'un autre : *Aus* peut-être, et que notre ville se serait appelée dès l'origine *Ausrith* ou *Ausritu*, dénomination qu'elle aurait reprise plus tard. A ce nom elle accola, comme beaucoup d'autres cités gauloises, celui de l'empereur Auguste et devint *Augustoritum*. Ce changement se produisit vers le commencement de l'ère chrétienne, peut-être peu après l'érection du fameux autel d'Ainay, dédié à la divinité de Rome et de l'Empereur par les soixante cités de la Gaule dont les limites avaient été modifiées l'an 27 avant Jésus-Christ. L'Αυγουστοριτον de Ptolémée, l'*Augustoritum* de l'Itinéraire d'Antonin, qu'on trouve encore appelée *Ausrito* à la Table théodosienne; dans l'ouvrage du grammairien Magnon, *Lemofex Augustoretum*, et sur des *triens* du septième siècle : *Lemofex Augustoredo*, avait déjà depuis longtemps repris le nom du groupe de tribus dont elle était le chef-lieu. A la *Notitia provinciarum*, Limoges est dénommée *Civitas Lemovicum*. Dans les vieilles chroniques, sur les chartes et les monnaies nous lirons plus tard : *Lemovicum, Limodicum, Limodicas, Lemovicœ, Lemovicas, Lemovecas, Lemovigas, Lemovegas, Lemotgas,* Lemotges, Limotges, — Limoges.

La bourgade primitive de Limoges est pour ainsi dire née des eaux de la Vienne. Une nymphe dut être notre première divinité topique. La rivière s'élargit sensiblement à 250 mètres environ en aval du viaduc de la ligne du chemin de fer de Toulouse et offre un gué qui, de temps immémorial, a été appelé *gué de la Roche*. Ce passage paraît avoir été l'amorce du groupe d'habitations auquel il donna son nom. La tradition place dans la région de la Croix-Verte, de Beauséjour, de La Vigne, des Récollets, des Palisses, du Clos Mascoussy, l'emplacement du Limoges primitif. Néanmoins sauf une hache en silex et quelques fragments tout-à-fait insignifiants et d'époque douteuse, on n'a jamais fait sur ces terrains de découvertes dont l'objet se rapportât à la période antérieure à l'occupation romaine.

Mais il semble bien établi que les abords de la rivière, la rive droite en particulier, ont été habités dès un temps reculé, et tous les savants sont d'avis qu'il y a lieu d'accepter les données de la tradition, en ce qui concerne l'assiette première de la ville. Celle-ci était le centre politique d'une peuplade qui, à la suite de guerres sanglantes, put envoyer dix mille guerriers à Alise, alors que les Pictons, les Turons, les Parisiens en fournissaient huit mille seulement; il est donc permis de penser qu'elle eut une certaine importance, s'étendit le long de la rivière vers l'Est, dans la direction du futur pont Saint-Martial. Peut-être ses constructions gravirent-elles le coteau aujourd'hui couronné par les arbres de la place d'Orsay ; mais rien ne donne à penser qu'il y ait jamais eu en ce point un bourg fortifié, un *oppidum*.

De la *Rita* des Lemovices on ne peût savoir autre chose, et ses monuments, si elle en posséda, nous sont restés inconnus. Le comédien-antiquaire Beaumesnil, qui a la réputation d'un faussaire éhonté — et qui la mérite — nous a laissé des dessins, très curieux du reste et fort jolis, de têtes sculptées, prétendues gauloises, et existant à Limoges au dernier siècle. La plupart de ces sculptures, visiblement arrangées par la plume ingénieuse de l'artiste, paraissent appartenir au moyen âge ; quelques-unes à la période romaine. Le même archéologue a exploré un souterrain, qualifié par lui de « Temple Sphérique », situé aux Pénitents Rouges, qu'il juge remonter à la même époque et auquel son crayon a, sans nul doute, ajouté certains détails. Il n'est pas impossible que quelques-unes des galeries sillonnant le sous-sol de nos vieux quartiers aient vraiment une haute antiquité ; mais on ne peut l'affirmer, des remaniements successifs ayant profondément modifié leur premier aspect.

Laissons passer un siècle, deux siècles. Ce n'est plus la rustique *Rita* que nous avons devant les yeux : c'est *Augustoritum* avec ses monuments, ses jardins, ses voies pavées se dirigeant vers Lyon et Bourges, par *Prætorium ;* Saintes, par Chassenon ; Bordeaux et Toulouse, par *Fines* et Périgueux. Les solides constructions de la période gallo-romaine ont remplacé les maisons de bois et de boue de la population primitive ; elles couvrent, tout le donne à penser, un terrain beaucoup plus étendu. Le coteau nord de la Vienne est en entier jalonné de maisons, sillonné d'aqueducs. Un pont, dont les fondations subsistent encore en partie sous les piles du vieux pont Saint-Martial actuel, et qui fut démoli lors du siège du Château de Limoges par le roi Henri II d'Angleterre, en 1182, franchit la rivière et offre aux voyageurs comme aux habitants un passage plus commode et plus sûr que l'ancien gué de La Roche. Sur divers points, assez distants les uns des autres, s'élèvent des édifices importants : à Beauséjour et à la Croix-Verte d'abord, où la tradition place le « château de Sainte-Valérie » et où on voit encore un grand mur en bel appareil, au milieu de jardins dans lesquels on ne peut creuser à quelque profondeur sans rencontrer des débris d'édifices et des fragments de poteries ; — au Clos Orphéroux, un peu au-dessus du vieux pont Saint-Martial, les vestiges de deux édifices considérables excitaient encore, au dix-septième siècle, la curiosité des archéologues et des érudits ; l'une de ces constructions était, à ce qu'on croit, le « théâtre » expressément mentionné dans la Vie de Saint Martial dite « Vie Aurélienne » ; l'autre, une grande résidence fortifiée désignée par l'annaliste sous la dénomination de Palais de Duratius, du nom d'un chef Picton fidèle aux romains et dont on avait fait un proconsul. Sur la hauteur d'où surgit aujourd'hui la masse imposante de la cathédrale, s'élevait un temple dont quelques débris attestent les grandes proportions. Enfin presque au point cu'minant de cette série de paliers et de rampes, avait été construit un amphithéâtre dont le grand diamètre mesurait plus de cent vingt mètres, et qui servit durant douze ou treize siècles aux réunions, prédications solennelles, foires, revues, tir à l'arc, exécutions capitales. Le « creux des Arènes » n'a été comblé qu'en 1568 et les vestiges de l'édifice n'ont disparu qu'entre 1712 et 1715, lors de la construction de la place d'Orsay.

Certains écrivains prétendent qu'un temple dédié à Jupiter s'éleva à Montjauvy. On n'en a retrouvé aucun vestige, et je doute que cet édifice ait jamais existé. Je vous signale aussi pour mémoire une galerie souterraine de grandes proportions qui aurait établi une communication entre l'amphithéâtre et la Vienne — et qui paraît n'avoir jamais été construite que par l'imagination de Beaumesnil.

Des institutions locales de cette période dans notre ville, nous ne savons pas grand chose. Nous ne connaissons le nom d'aucune divinité particulière ; nous ne trouvons trace d'aucun collège spécial de prêtres. Dans les monuments épigraphiques découverts soit à Limoges, soit au dehors, aucune mention catégorique ne nous ouvre le moindre jour sur l'état social, politique, administratif, religieux de ce temps-là. Tout ce qu'on peut affirmer, c'est que la Cité de Limoges jouit d'une organisation municipale analogue à celle des autres cités de la Gaule. Il est permis de suspecter les dessins représentant des médailles ou monnaies dont les légendes font mention des *décurions* de notre ville ; mais Grégoire de Tours, dans son *Histoire des Francs*, parle, à propos d'une émeute qui éclata sous Chilpéric Ier, d'une assemblée du peuple de Limoges convoquée aux calendes de mars. Or, cette date est celle à laquelle avait lieu le renouvellement des magistrats municipaux. — Quant à la culture des lettres, des sciences et des arts à Limoges durant cette période, aucun témoignage écrit ne permet d'émettre à cet égard une opinion. Des ruines informes, des maçonneries de fondations, quelques fragments de sculpture, des colonnes de pierre, des moulures et des plaques de revêtement en marbre, des poteries qui peuvent avoir été importées, ne suffisent pas à nous donner une idée de ce que furent les architectes, les artistes et même les ouvriers limousins de ce temps-là. L'inscription du curieux tombeau, conservé à notre Musée, du Biturige Blesianus, qui

professa la grammaire et la morale, et « demeura toujours fidèle
au culte des muses »

Artis grammatices doctor morumque magister
Blœsianus Biturix, musarum semper amator...

nous autorise seule à dire que notre ville ne fut pas alors dépour-
vue d'écoles.

Un grand fait marque cette phase de l'histoire de notre cité, un
événement qui va devenir le point de départ d'une ère nouvelle
et l'aurore d'un jour dont la lumière n'a pas cessé de nous éclairer.
Saint Martial arrive à Limoges; il apporte l'Evangile au peuple de
notre région. Du moment où le pied de l'apôtre a touché notre
sol, la transformation commence, et désormais toutes les grandes
entreprises, toutes les institutions, toutes les œuvres seront impré-
gnées d'un esprit nouveau. Le christianisme s'établit parmi nous.
L'arbre est planté : nous le verrons grandir, avivé sans cesse
d'une sève nouvelle, pousser de profondes racines, étendre au loin
ses branches protectrices, porter des fruits d'une merveilleuse
variété. Le nom et le souvenir de l'évangélisateur de la contrée
demeureront inséparables de tous les bienfaits que ce pays devra
à l'esprit chrétien. Peu importe la date précise à laquelle a paru
l'apôtre et les éclipses momentanées qu'a pu, qu'a dû subir la doctrine révélée par lui à nos ancêtres. Le culte de saint Martial est,
dans le cœur des Limousins, le complément en quelque sorte de
celui de Jésus-Christ. La dévotion au patron de la ville a été, dans
tout le cours du moyen âge et reste encore un trait caractéristique
de la mentalité et de la physionomie de la population de Limoges.
Tous les sept ans, les Ostensions en fournissent un nouveau et
touchant témoignage. On a donné ce nom d'Ostensions à l'exposition publique et solennelle des reliques de l'apôtre d'Aquitaine,
et subsidiairement des restes des autres saints, des saints du pays
surtout, à la vénération des fidèles. Ces solennités, dont l'origine
remonte aux époques troublées du haut moyen âge où on dut ca-
cher les ossements de notre premier évêque, les transporter parfois dans une forteresse du voisinage pour éviter qu'ils fussent
profanés ou détruits, et où on les montrait au peuple au retour,
d'où le nom d'*Ostensions*, eurent lieu, durant longtemps, à des dates
irrégulières et indéterminées, à l'occasion de certains événements :
épidémies ou autres calamités, menaces de guerre, passage de princes ou de hauts dignitaires ecclésiastiques. On ne peut constater
la périodicité des Ostensions et l'établissement d'un cérémonial

particulier qu'à partir du commencement du seizième siècle. Elles durent cinquante jours, du mardi de Pâques au mardi de la Pentecôte, sont ouvertes par la Grande Confrérie de Saint-Martial qui parcourt toute la ville et qui faisait jadis retentir nos rues d'une joyeuse fusillade ; une promenade analogue de la Confrérie de Saint-Aurélien marque la clôture. Pendant cette période, un étendard blanc portant une croix de Saint-André amarante, qui a été béni par l'évêque et ensuite présenté dans tous les sanctuaires de la ville, flotte au clocher de Saint-Michel-des-Lions. C'est dans cette église que depuis le 17 décembre 1790, jour de la cessation du culte dans la basilique de Saint-Martial, on conserve le chef du patron de Limoges, seule relique authentique d'une certaine importance qui subsiste de lui depuis le douzième siècle. — Le retour des Ostensions est, de nos jours encore, marqué par des cérémonies aussi intéressantes que pittoresques ; on peut y observer certaines coutumes remontant sans nul doute à une époque fort ancienne, par exemple l'usage où sont les principaux parmi nos bouchers, confrères de Saint-Aurélien, de dresser le dimanche de la Trinité, au rez-de-chaussée de leur maison, des tables couvertes de victuailles et de pâtisseries auxquelles tout passant, pauvre ou riche, est convié à s'asseoir.

La Gaule, soumise à l'Empire romain, jouit d'une longue période de calme et de prospérité, à peine troublée par les premières révoltes des Bagaudes ; mais cet âge d'or touche à sa fin : De nouvelles insurrections éclatent et déjà les barbares menaçants se pressent aux frontières. Il faut, même dans les provinces de l'intérieur, se fortifier et se préparer à la défense. Les habitants de Limoges ne peuvent songer à entourer de solides remparts toute leur ville, qui couvre une superficie trop étendue. Ils se décident à abandonner sans protection les quartiers du gué de La Roche, et construisent une ceinture de murailles autour de l'agglomération qui s'est formée sur le coteau dominant la Vienne à l'Est. C'est là qu'a été établi le siège du nouveau culte et que les évêques, successeurs de saint Martial, ont fixé leur résidence, auprès du temple converti en église chrétienne, et placé, s'il faut en croire la tradition, par l'apôtre lui-même sous l'invocation de saint Etienne. Il est vraisemblable qu'à Limoges, comme ailleurs, on utilisa pour la construction des remparts les matériaux des édifices restés en dehors de l'enceinte. Ces murs furent élevés, à ce qu'on peut croire, vers la fin du quatrième siècle ou au commencement du cinquième, conformément du reste aux ordres de l'Empereur. C'est un problème qu'il semble impossible de résoudre, de savoir si l'ancienne ville de Limoges avait été fortifiée. Je ne le crois pas pour ma part ; mais certains archéologues ont signalé sur plusieurs points, même en dehors du château dit « Palais de Duratius », les vestiges de constructions antiques paraissant avoir été des tours ou des ouvrages de défense et qui auraient appartenu peut-être aux fortifications de cette première période.

Nos *Annales* mentionnent, à tort sans doute, en 277, l'irruption dans la contrée d'une horde d'Alamans qui attaquèrent Limoges ; elles rapportent aussi que vers 410 le pays fut ravagé par les Vandales. En 488, notre ville, assiégée par les Goths de Théodoric, était saccagée et incendiée, ses « haultes tours, palais, eglises, maisons et aultres ediffices ruinés. » A la suite de cet événement, notre région appartint quelques années au royaume visigoth de Toulouse. Quand Alaric II fut vaincu par Clovis, le Limousin passa, sans avoir cette fois, semble-t-il, souffert beaucoup de la guerre, aux mains des Francs ; leur domination ne lui assura ni la tranquillité, ni la sécurité : en 573 sa capitale fut prise et ruinée de nouveau par Théodebert, fils de Chilpéric roi de Neustrie, au cours d'une expédition en Aquitaine, après le partage des états de Charibert. Un personnage dont la légende a fait un comte de Limoges et que la reconnaissance publique, traduite par les suffrages de l'Eglise, a mis au rang des saints, Dampnolenus, essaya de défendre la ville. Tué avec la plupart de ses soldats, dans un combat qui eut lieu sur la rive gauche de la Vienne, au lieu dit le Puy La Nau, il fut enseveli comme eux dans une chapelle dédiée à saint Georges et placée contre les remparts. A l'ossuaire où reposaient leurs restes, mêlés probablement à ceux de beaucoup de chrétiens des siècles postérieurs, s'attachait une singulière tradition. On prétendait que, lorsqu'une épidémie menaçait la ville — et Dieu sait quelles fréquentes et meurtrières apparitions la peste et les autres contagions firent à Limoges dans les anciens temps — ces ossements gonflaient d'une façon sensible et que leur niveau se trouvait fort exhaussé. Il y avait peut-être là un phénomène que des causes physiques suffiraient à expliquer. Quoi qu'il en soit, saint Domnolet a toujours été tenu pour un des patrons spéciaux de notre cité, et quand, à l'occasion de quelque fléau ou devant la menace de quelque grand danger, l'évêque, sur la demande des magistrats municipaux, ordonnait des prières publiques, le curé de la petite paroisse du bord de l'eau était invité à exposer les reliques du guerrier et à commencer la neuvaine d'usage, en même temps que l'abbé de Saint-Martial, le curé de Saint-Pierre (à cause de saint Rustique), celui de Saint-Michel (à cause de saint Loup) et celui de Saint-Cessateur (à cause de saint Aurélien).

Dès la période mérovingienne, toutes les forêts des environs sont peuplées d'ermites et des monastères se fondent aux portes même de Limoges : c'est Saint-Augustin, construit par l'évêque Rorice Ier dans les premières années du sixième siècle; Saint-Martin, établi cent ans plus tard par saint Eloi et ses parents, à quelques centaines de mètres plus haut. Sous Louis le Débonnaire, la communauté de vierges de La Règle se blottit déjà à l'ombre de la cathédrale ; enfin, une partie des clercs de Saint-Etienne, qui desservaient la chapelle construite hors des remparts, sur la sépulture de saint Martial, se séparent du clergé épiscopal, prennent en 848 l'habit religieux et choisissent pour premier abbé Dodon, appelé du célèbre monastère de Saint-Savin en Poitou. La constitution de ce nouveau corps ecclésiastique est un événement capital de notre histoire provinciale : l'abbaye de Saint-Martial devient, pendant plusieurs siècles, l'établissement monastique le plus considérable, le plus florissant et le plus célèbre de la région, un centre important d'études ecclésiastiques; on y cultive non seulement la philosophie et la théologie, mais la grammaire, les lettres, la musique et les sciences; la poésie liturgique y est en honneur. A mesure que l'histoire limousine se complète et s'éclaire, non seulement par les études locales, mais par les grands travaux d'histoire générale, nous nous rendons mieux compte du rayonnement puissant de ce foyer moral et intellectuel, non seulement dans le diocèse, mais dans les provinces voisines.

La basilique de Saint-Sauveur, qui a été construite au milieu du neuvième siècle sur le tombeau du premier évêque de Limoges, et qu'on se trouve obligé de rebâtir deux cents ans plus tard, n'est pas seulement le sanctuaire le plus illustre et le plus vénéré de la contrée; c'est aussi un bel édifice, de grandes proportions, et qui demeurera, jusqu'à la construction de la cathédrale gothique, le principal monument de notre ville. L'architecte de l'abbatiale, qui comprenait une nef avec collatéraux et un chœur entouré d'un déambulatoire, avait suivi un plan peu différent de ceux de Sainte-Foy de Conques et de Saint-Sernin de Toulouse. Au surplus, l'aspect intérieur de Notre-Dame du Port, à Clermont-Ferrand, rappelle assez celui de notre vieux sanctuaire limousin. Saint-Martial était précédé d'un vestibule au-dessus duquel s'élevait une tour carrée, démolie il y a un siècle, avec le reste de l'édifice, celui-ci conserva jusqu'à la fin, malgré les réparations et les remaniements des âges postérieurs, l'aspect imposant et lourd des grandes églises de cette époque.

La cathédrale fut reconstruite au onzième siècle, comme Saint-Martial, sur l'emplacement de l'église latine qui s'était substituée au temple gallo-romain. Elle était aussi de grandes dimensions, puisqu'elle s'étendait de la base du clocher actuel à l'extrémité du chœur. Le pape Urbain II, venant de Clermont, où il avait prêché la croisade, s'arrêta quelques jours à Limoges et fit solennellement la dédicace de l'église de Saint-Martial le 31 décembre 1095, après avoir consacré Saint-Etienne le 29 du même mois. C'est devant la cathédrale, en plein air, en présence d'une multitude enthousiaste, que le Souverain Pontife adressa aux chevaliers et au peuple de la province un pressant appel pour la délivrance des Lieux Saints. Des contemporains nous ont conservé de cette scène quelques pittoresques traits, ainsi que la substance des exhortations du pontife. Le Limousin, vous le savez, fournit de nombreux croisés.

D'autres édifices avaient surgi sur le sol de notre ville : j'ai déjà parlé des trois monastères de Saint-Augustin, de Saint-Martin et de La Règle. Le sixième siècle avait vu s'élever, près de l'avenue actuelle du Pont-Neuf, l'église de Saint-Michel-de-Pistorie — *Archangeli ecclesia inferior* — fondée, s'il faut en croire la légende, par le père de Saint-Yrieix, désignée dans le testament de l'homme de Dieu et dépendant d'un monastère auquel fut à l'origine soumise l'abbaye de Terrasson ; — Saint-Pierre-du-Queyroix, dont la construction est due à l'évêque Rorice II (535-553) ; — la chapelle de Saint-Paul, bâtie à peu près exactement au point où débouche aujourd'hui le tunnel de la gare ; — Saint-Julien, à 120 mètres à l'est de cette chapelle ; — et peut-être Saint-Michel-des-Lions, Saint-André de la Cité, Sainte-Félicité du pont Saint-Martial et Notre-Dame des Arènes, vieille paroisse dont le territoire sera réuni, au quatorzième siècle, à la circonscription de Saint-Michel-des-Lions, et qu'après cinq cents ans on verra renaître de nos jours sous l'invocation du Sacré-Cœur.

Toutes ces églises, eurent à souffrir, comme la ville elle-même, des guerres de la période carolingienne. La cité de Limoges fut prise et ses remparts abattus par Pépin le Bref au cours de son expédition de 745 en Aquitaine. A leur tour, les Normands dévastèrent le pays et saccagèrent la ville en 849 et 911 ; celle-ci subit un nouveau désastre en 988. Au rapport de nos annales, notre ville, du commencement de l'ère chrétienne à l'an 1370, n'a pas été détruite moins de huit fois.

Mais déjà un second Limoges s'élevait au pied des remparts de la cité épiscopale : une autre ville plus active, plus industrieuse, appelée à un plus large avenir. Elle était, celle-ci, sortie pour ainsi dire du tombeau de l'apôtre d'Aquitaine. Autour de la basilique qui recouvrait cette vénérable sépulture, devenue le but d'un pèlerinage au loin renommé, des hôtelleries s'étaient construites ; des marchands étaient venus s'établir. L'agglomération se forma et grandit sous le patronage du monastère qui possédait le terrain sur lequel se bâtirent les maisons. L'abbé devint naturellement le seigneur du nouveau Limoges. Celui-ci fut désigné sous le nom de « Château de Saint-Martial », et cette appellation de Château — *Castrum Lemovicarum, Castrum Lemovicense* — lui demeura à travers les siècles, le distinguant ainsi de l'autre ville, la Cité, dont l'évêque resta le seigneur et conserva la justice et la police jusqu'à la Révolution, après avoir partagé, de 1307 à 1597, ses droits avec le roi de France.

A partir de la fin du dixième siècle, le Château a ses tours comme la Cité. Son enceinte, formée d'abord d'une palissade et d'un fossé, et percée à l'origine de trois portes au plus : Fustinic (du côté des Arènes), Orgolet (Poulaillère) et le Portail Imbert, se fortifie peu à peu et s'agrandit. Deux cents ans plus tard, la nouvelle ville acquiert son assiette définitive, et son périmètre, encore dessiné par de grandes voies établies sur les anciens fossés, embrasse les quartiers compris dans ce que nous appelons le « tour des boulevards ».

Désormais, Limoges se composera de trois agglomérations distinctes, ne relevant pas du même seigneur, ayant une administration séparée, des coutumes et des règlements différents, des mesures inégales, soumises parfois l'une au roi d'Angleterre et l'autre au roi de France. On comprend à quelles singulières confusions pourra donner lieu un pareil état de choses dans les ouvrages dont les auteurs ne connaissent pas la topographie locale ; et de fait, on relève de ce chef de grosses erreurs dans nombre de livres estimés.

Jetons un rapide coup d'œil sur ce Limoges ainsi divisé : il gardera jusqu'au dix-huitième siècle la physionomie générale qu'il a déjà cent ans avant la première croisade. Dès cette époque, ses constructions s'étagent le long des terrasses successive qui gravissent le coteau, au milieu des vignes déjà mentionnées par les écrivains du sixième siècle. Ces vignes, figurées au panorama de Joachim Duviert, forment encore la ceinture de notre ville au dix-septième : *Vineæ undique circumjacent,* écrit le voyageur Abraham Golnitz. Elles disparaîtront presque complètement entre 1690 et 1710.

Nous trouvons d'abord à l'Est le bourg du Pont Saint-Martial — *Villa pontis Sancti Martialis* — qui a remplacé l'agglomération primitive de la Roche au Gô. Ses maisons sont surtout groupées des deux côtés du chemin montant de la rivière au Château : bourgade ouverte et sans défense, relevant en partie de l'évêque, en partie du vicomte de Limoges et de divers autres seigneurs, elle n'a qu'un édifice, l'église de Sainte-Félicité : celle-ci paraît avoir aussi porté les noms de la « Trinité » et de « Saint-Symphorien ». Dans cette région, le sol est semé de ruines de constructions antiques. C'est le plus pauvre et le moins important des trois noyaux de population.

La Cité dresse en amont sa silhouette pittoresque. Elle a pour avenue, du côté de la campagne, le pont Saint-Etienne, qui paraît remonter au haut moyen âge et dont le péage est disputé à l'évêque par le comte de Poitiers. A ses pieds se trouve le port du Naveix — *Navigium* — où s'empilent au douzième siècle, et probablement dès une époque antérieure, les bois que le flottage amène du haut bassin de la Vienne. La superficie de ses quartiers, *intra muros*, n'est pas considérable : onze ou douze hectares au plus. Les boulevards actuels de la Corderie, de la Cité, Saint-Maurice et des Petits-Carmes, avec les terrasses de l'évêché et du séminaire, dessinent à peu près son contour. Ses remparts sont percés de quatre ou cinq portes : Traboreu, Las Cossas (probablement la même), Escudarie ou Scutarie, porte Panet, porte du Rouveys ou du Chêne. Cette enceinte, jetée à bas dès le seizième siècle, est très insuffisamment connue.

Dans cet espace restreint se pressent déjà, au temps de Saint Louis, un assez grand nombre d'édifices : la Cathédrale d'abord, imposant monument, dont la reconstruction sur un nouveau plan, dans le style ogival à la fois sobre et élégant de cette époque, va être entreprise en 1273, grâce aux libéralités du testament d'un des successeurs de saint Martial, Aimeric de La Serre de Malemort. Auprès de Saint-Etienne, le cloître des chanoines, la résidence de l'évêque, le monastère de Notre-Dame de La Règle avec ses dépendances ; puis plusieurs petites églises : Saint-André, dont la légende fait remonter l'origine à saint Martial ; Saint-Domnolet, blotti contre les murs de l'abbaye de La Règle, pauvre paroisse des pauvres gens de l'Abbessaille ; Saint-Maurice, brûlée en 1103 ou 1105, qui étend sa juridiction sur l'Entre-Deux-Villes et qui deviendra la chapelle des Carmélites ; Notre-Dame-du-Puy, qui au dix-septième siècle sera annexée au couvent de la Providence ; Saint-Genès et Sainte-Affre qui disparaîtront de bonne heure ; Saint-Jean, dépendance de l'église Cathédrale, où tous les enfants nés dans les deux villes et les faubourgs, pendant les octaves de Pâques et de la Pentecôte, doivent recevoir le baptême.

Les édifices civils sont moins nombreux. A peine pouvons-nous mentionner la sénéchaussée royale, qui, à partir de la fin du quatorzième siècle, sera transférée dans le Château ; la modeste maison commune de la Cité, quelques tours seigneuriales et quelques hôtels de familles nobles ou de prélats de la province.

Le Château est plus étendu : trente ou trente-cinq hectares. Il est entouré de remparts que jalonnent de nombreuses tours de formes diverses et dans lesquels, dès le treizième siècle, ne s'ouvrent pas moins de neuf portes : celles de Mirebœuf, de Montmailler, des Arènes, de Lansecot, de Pissevache, de Banléger, de Manigne, de Vieille-Monnaie et de Boucherie, correspondant en général à une des voies principales ou charrières — *charrieiras* — de la ville. Nous possédons des dessins de cette enceinte dont la silhouette est vraiment mouvementée et pittoresque. Entre 1612 et 1616, le voyageur Zinzerling parle de ses hautes tours qui dominent la campagne et dont le voyageur aperçoit de loin le faîte. Quinze ou vingt ans plus tard, Golnitz mentionne les fossés profonds dont nos remparts étaient entourés.

Le principal édifice du nouveau Limoges est la basilique du Sauveur et de Saint-Martial, avec son annexe Saint-Pierre-du-Sépulcre ; le baptistère de Saint-Jean qui, au onzième siècle, jouit dans le Château d'une prérogative analogue à celle dévolue au baptistère de la cathédrale, et les chapelles de Saint-Benoît et de La Courtine. Les premiers bâtiments du monastère se sont élevés au sud de l'église, du côté de la rue actuelle de La Courtine. Au treizième siècle, les moines, assiégés dans cet espace trop restreint par la ville qui grandit sans cesse, abandonnent leur ancien établissement et transportent les lieux réguliers de l'autre côté de l'église, sur l'emplacement des immeubles Astaix, Raison-Rigonnaud et de partie de la place de la République. De belles constructions s'élèvent autour de la basilique, et le cloître édifié par Guillaume Rafart est orné de statues que le dix-septième siècle proclame encore « d'excellent ouvrage et des plus belles de France. » Le *réfectoire* passe pour une des plus hardies constructions du style ogival et des plus élégantes qu'ait possédées le pays. Auprès de Saint-Martial, Saint-Pierre-du-Queyroix présente déjà des proportions plus vastes que les autres églises paroissiales ; c'est sous ses voûtes qu'en 1182 les bourgeois, sous la pression du vicomte, prêtent serment de fidélité au « roi jeune », Henri, l'aîné des fils d'Aliénor ; qu'en 1303, les Consuls et l'assemblée de ville, convoqués par un clerc de Philippe-le-Bel, adhèrent solennellement à l'appel au \Concile œcuménique formulé par le roi et sa noblesse, et s'associent de la sorte, avec maints corps religieux du reste, à la grande manifestation organisée contre le pape Boniface VIII. Plus haut, auprès de la tour vicomtale de la Motte, démolie de bonne heure, Saint-Michel-des-Lions —

Archangeli ecclesia superior — montre à sa porte les figures informes de granit auxquelles elle doit sa dénomination. Le petit château du Breuil, qui deviendra l'Hôtel de l'Intendance et plus tard de la Préfecture, et la maison des frères de Peyrusse, dont on fera le presbytère de Saint-Michel, puis l'auditoire royal et la prison, se blottissent à ses pieds. La maison commune du Consulat et les petites halles du Gras et des Bancs sont, avec le pilori du Vieux-Marché, les seules constructions affectées à des usages publics qu'on puisse mentionner en dehors des précédentes.

Des faubourgs importants sont disséminés autour de ces trois agglomérations principales. C'est d'abord le groupe de maisons qui avoisine Saint-Michel-de-Pistorie et que des vignes jonchées de débris antiques séparent de la ville du Pont-Saint-Martial ; plus haut, le faubourg Manigne qui forme, avec le faubourg Boucherie, le quartier proprement dit de « l'Entre-deux-Villes ». Au seizième siècle, le premier de ces faubourgs aura ses fortifications particulières. — Séparé de ces groupes de constructions par les tanneries, le bourg de Saint-Martin ou de Saint-Paul a son réseau spécial de voies publiques. C'est là que la tradition place le fameux entrepôt des Vénitiens. Malgré toutes les recherches faites à Venise, tant dans les archives du commerce que dans les archives politiques, on n'a pu trouver aucune trace de cet établissement. Le fait de l'existence à Limoges, au onzième siècle, d'un entrepôt de denrées d'Orient paraît néanmoins certain ; mais il est à croire qu'il fut créé par des négociants de Montpellier, où les Vénitiens possédaient un comptoir important, et non directement par des marchands de Venise. Le quatorzième siècle verra les Anglais achever la ruine de cet intéressant faubourg ; un cimetière couvrira plus tard une partie des terrains occupés jadis par ses maisons. Au-dessous on trouve encore les petites églises de Saint-Paul-de-la-Fontaine — *Sanctus Paulus de Fonte* — et de Saint-Julien, que j'ai déjà mentionnées ; l'abbaye de Saint-Augustin avec ses importantes constructions, l'église de Saint-Christophe dont le territoire paroissial formera quelque temps, sous la Révolution ; une commune particulière, enfin la léproserie de Saint-Jacques ou des ladres blancs, aux Casseaux. — Au nord, de l'autre côté des bâtiments actuels de la gare, la Maison-Dieu montre les cabanes dans lesquelles vivent les lépreux d'une autre catégorie, réputés atteints d'un mal plus redoutable, les « ladres rouges », autour de l'église de Sainte-Marie-Madeleine. En remontant vers le Château on trouve d'abord l'abbaye de Saint-Martin avec ses belles prairies, sa « bonne fontaine » renommée, ses dépendances parmi lesquelles on distingue la chapelle de Saint-Laurent, presque sous les remparts de la ville. Quelques maisons dispersées dans les jardins dits de Sainte-Valérie, s'égrènent entre le bourg de Saint-Martin et Montmailler, dont la voie principale aboutit à Montjauvy, lieu célèbre dans nos fastes d'Aquitaine et qui vit, le 12 novembre 994, le fameux miracle des Ardents; une église dédiée à Saint-Martial s'élève sur la hauteur, à l'endroit même, dit la tradition, où furent déposées les reliques du premier évêque de Limoges et des autres saints de la province, à la grande procession supplicatoire qui fut faite ce jour-là. Il y a vingt ans, une cérémonie chère à tous les Limousins, la procession dite des châsses, établie ou peut-être rétablie au quinzième siècle, conservait le souvenir de cet évènement et en perpétuait pour ainsi dire la physionomie.

Je vous ai déjà parlé de Notre-Dame des Arènes, construite à peu de distance des ruines de l'amphithéâtre gallo-romain, et auprès de laquelle il existait un petit hospice de pèlerins, sous le vocable de Saint-Jacques. En redescendant le côteau, on rencontrait l'église de Saint-Cessateur, qui posséda longtemps les reliques de Saint-Aurélien et dont le clocher fut, en 1215, abattu par une tempête. Plus bas le bourg de Saint-Gérald, où se fonde en 1158 le principal établissement de bienfaisance de Limoges et où nous trouvons installées, dans la première moitié du quatorzième siècle, les écoles de la ville, entre un cimetière et un hôpital.

Le douzième siècle et les premières années du treizième, bien que troublés et calamiteux par instants, nous apparaissent, tout au moins en Limousin et en particulier à Limoges, comme la période la plus active et la plus féconde du moyen âge.

La plupart des églises rurales de la contrée et plusieurs de nos plus belles abbatiales et collégiales datent de cette époque. Les communes s'organisent sous la protection des rois d'Angleterre, qui trouvent, dans la population des villes, des alliés contre la féodalité, dévouée en général à la France ; les corporations acquièrent leur forme définitive et fixent leurs coutumes ; les confréries de dévotion et de charité surgissent de toutes parts ; les industries locales prennent de l'importance ; nos tanneurs vont en troupes aux foires de Champagne où ils possèdent des halles spéciales de déballage ; la fabrication de l'orfévrerie émaillée devient le monopole de nos ateliers et la vogue de l' « œuvre de Limoges » s'étend à toute l'Europe. Tout nous invite à faire ici, en quelque sorte, la grande halte de l'étape que nous parcourons ensemble à travers les âges.

Toute esquisse, pour sommaire qu'elle soit, d'une société doit offrir quelques traits pouvant donner une idée de l'état de la famille. Les indications qui nous sont fournies par les testaments et les autres pièces de nos archives sur le foyer de l'habitant de Limoges au treizième siècle, sont très amplement et très sûrement complétées par les témoignages des deux siècles suivants. La famille nous apparaît comme un groupe très uni et très discipliné, sous l'autorité presque absolue du père. La mère y tient une place considérable, est honorée de tous, et, dans maint testament, le chef de la maison ordonne qu'après sa mort elle reste la dame et maîtresse du logis — *domina gubernatrix*. Elle y exerce, même pendant la vie de son mari, une influence considérable et est en fait étroitement associée à son gouvernement; mais elle est soumise à l'autorité du père au même titre que les enfants. Ceux-ci restent dépendants, quels que soit leur âge et leur situation, tant qu'ils n'ont pas obtenu du père congé de former un établissement spécial.

Notons cependant un trait caractéristique de la physionomie de cette famille : les seconds mariages y sont fréquents; peu d'époux qui ne se remarient, s'ils perdent leur conjoint avant d'avoir atteint une respectable maturité. Nous avons relevé, dans les familles dont il nous a été possible de suivre l'histoire, un nombre notable d'exemples de ces unions au cours de périodes relativement courtes. La sévérité des mœurs de nos aïeux explique cette habitude et suffit peut-être à la justifier; néanmoins cette particularité est de nature à nous étonner un peu.

Les enfants sont nombreux à ces foyers, dont la vie simple est réglée avec une discipline rigoureuse et une scrupuleuse économie. Le père dispose d'eux en maître et trace leur avenir suivant ses appréciations et ses vues. Ce n'est point l'intérêt individuel de chaque membre du groupe qu'il consulte : l'intérêt collectif et permanent, le souci de l'union étroite de la famille, de sa prospérité, de sa durée, dominent les préoccupations de son chef; le sentiment du devoir vis-à-vis des générations à venir comme vis-à-vis des générations passées, dirige la conduite du *parterfamilias* et inspire constamment sa gestion.

Le père de famille institue un héritier, presque toujours mais non nécessairement l'aîné, auquel, après le prélèvement de quelques legs pieux et de la dot de sa femme, il laisse la totalité de ses biens, à la charge par lui d'acquitter une *pegulhieyra*, une dot à ses autres enfants et de continuer de « tenir le foyer », fardeau singulièrement lourd, parfois.

Les dots ne sont d'ordinaire payables qu'à la majorité ou au mariage des fils et filles. Il arrive souvent que les frères ne réclament pas à l'héritier leur « frairescha » et demeurent avec lui dans une sorte d'indivision. Il n'est pas rare non plus que le père crée deux héritiers au lieu d'un; surtout à partir du quinzième siècle, ces deux

héritiers sont souvent la mère et un des fils, celui que le testateur juge
le plus apte à diriger son commerce et à gouverner la maison. Au
moyen âge il semble qu'en général, auprès de son héritier, le père
établisse toujours ou presque toujours des exécuteurs testamentaires,
ordinairement au nombre de deux, avec la mission de veiller à ce
que ses intentions soient remplies et le pouvoir de modifier, dans
certains cas, une ou plusieurs clauses déterminées du testament.
Un document nous montre, en 1270, un bourgeois de Limoges
chargeant ses « aumôniers » du contrôle de l'administration de sa
veuve, et leur donnant la faculté d'enlever à celle-ci la gestion de
l'avoir familial, si le patrimoine venait à péricliter entre ses mains.

Le Château de Limoges était, comme beaucoup d'agglomérations
du Midi de la France, ville de coutumes en pays de droit écrit. Ces
coutumes, qui régissaient l'enceinte et les faubourgs, mais n'étaient
point en vigueur dans la Cité, sont fort anciennes dans certaines de
leurs dispositions. La première rédaction que nous en ayons remonte
au règne de Philippe-Auguste et à l'année 1212. L'objet de la plupart
de leurs articles est de régler les rapports des membres de la
famille, des voisins et de conserver le patrimoine, legs sacré du passé
à l'avenir et garantie de la stabilité du foyer. Ce patrimoine, le
père de famille seul en a la disposition ; lui seul gère l'avoir de
tous ; les gains de chacun doivent revenir à la « bourse commune »,
et le salaire apporté du dehors par l'enfant ne lui appartient qu'autant que l'administrateur de la collectivité lui en a fait don.

L'intérieur de ces maisons, fort modestes d'aspect le plus souvent, élevées de plusieurs étages, construites de bois et de torchis
à partir du rez-de-chaussée, et se joignant presque par le haut dans
les ruelles étroites qui étendaient leur réseau de chaque côté des
charrières, — la Boucherie nous offre encore un aperçu du Limoges
du moyen âge — était en général très simple et à peu près le
même chez le riche bourgeois que chez l'artisan : des meubles
massifs, des bahuts et coffrets couverts de cuir ; des lits presque
toujours confortables, avec des tentures de tapisserie dans les
bonnes maisons, ou même des surciels de broderie aux armes de
la famille (beaucoup de bourgeois avaient des armoiries, le plus
souvent parlantes) ; peu d'objets d'art : quelques images de piété et,
aux trois derniers siècles, quelques émaux. Les chambres à coucher
étaient peu habitées ; on se tenait dans la cuisine sise ordinairement au rez-de-chaussée, et, chez les petits marchands, les artisans
et même les hommes d'affaires, communiquant avec l'ouvroir, le
magasin ou l'étude du chef de famille. La cuisine, véritable sanctuaire de la vie domestique, était le salon d'autrefois, le lieu de

réunion ; la bourgeoise s'y tenait, avec ses filles et ses servantes, et y recevait les visites. Bien entendu, le tableau que j'esquisse ici est relativement moderne ; c'est celui à peu près que M. Juge a tracé dans un curieux livre publié au commencement du siècle dernier sur les *Changements survenus dans les mœurs des habitants de Limoges ;* mais nous constatons, par les vieux inventaires, par les documents de toute sorte, que cette peinture s'applique aux intérieurs d'il y a trois et quatre cents ans. M. Juge insiste, dans son précieux ouvrage, sur la *régularité et la simplicité de la vie de nos pères,* sur leur économie. Il assure qu'avant la Révolution, il n'y avait pas dans toute la ville soixante maisons où on fît usage d'argenterie pour la table.

Les repas étaient, en général, simples comme la vie ; les mets peu recherchés, médiocrement variés. M. Juge nous initie aux menus qui étaient presque partout adoptés dans les bonnes maisons et dont le retour périodique, immuablement fixé pour chaque jour de la semaine, réveille nos souvenirs de collège d'il y a un demi-siècle. Toutefois, dans les grandes occasions, aux mariages surtout, nos *pères se départaient de leur habituelle frugalité* et les descriptions des fameuses noces de Gamache ne paraissent plus chose extraordinaire quand on considère les redoutables amas de victuailles autour desquels s'asseyait, aux grandes solennités familiales, la nombreuse assemblée des parents et des amis. On trouve dans maintes liasses de vieux comptes, contemporains d'Henri IV et de Louis XIV, des mémoires de restaurateurs ou des projets, des « devis », de nature à plonger les érudits dans une véritable stupéfaction. Les potages, les entrées, les rôts, la volaille, le poisson, le gibier, les plats d'entremets et de dessert, les friandises de toute sorte se succédaient, se pressaient, s'entassaient devant les convives. Vins du Bas-Limousin, vins du Périgord, vins de Bordeaux, vins muscats du Midi ou de l'étranger remplaçaient pour un jour le produit « aspre au palais » de ces vignes dont le géographe arabe Edrisi signalait l'abondance autour de Limoges. Les témoignages précis de la profusion qui régnait dans les grands repas d'autrefois sont relativement récents ; mais les ordonnances somptuaires rendues par le Consulat dès le treizième et le quatorzième siècles, permettent de penser que, dès cette époque, il n'en allait pas autrement. Quant aux distractions, elles étaient rares et l'assistance aux cérémonies religieuses fut toujours la principale. Les représentations théâtrales, fort suivies malgré les défenses de l'Eglise, ont laissé peu de traces. Des manuscrits d'origine limousine contiennent néanmoins des monuments fort curieux du théâtre primitif, et nos Chroniques signalent en 1290 et 1302 un fait d'un intérêt tout particulier : la représentation d'un *jeu* des miracles de Saint-Martial, donnée à Limoges par une compagnie de bourgeois de Cahors. Au seizième siècle plusieurs représentations de la Passion et des Mystères sont mentionnées par les Chroniques; à la fin du dix-huitième s'organise un théâtre d'amateurs.

Le costume des hommes ne différait pas de celui des habitants des autres villes de la région. Celui des femmes, s'il faut en croire nos annalistes, aurait été au moyen âge, tout au moins au début du treizième siècle, assez peu convenable. Les fils de Saint-François, dès leur installation à Limoges, firent tous leurs efforts pour réformer ce fâcheux état de choses. Saint Antoine de Padoue obtint que bourgeoises et artisanes adoptassent des accoutrements plus en rapport avec l'esprit du christianisme. Elles dissimulèrent dès lors sous un chaperon une partie de leur tête et de leur buste. Le galant Charles VII, encore Dauphin, passant à Limoges, fut frappé de la mauvaise grâce des vêtements féminins et supplia les dames de la ville de changer, pour l'amour de lui, ces modes par trop sévères. Elles acquiescèrent à son désir, mais pour un temps seulement, à ce qu'il semble, et revinrent aux ajustements recommandés par les prédicateurs. Coulon, dans son *Ulysse François*, s'exprime en termes désobligeants sur le compte de nos aïeules. Le passage vaut la peine d'être cité : « Elles sont, dit-il, fort chastes, mais fort peu agréables... vestues grotesquement, et la simple representation des vefves, qui portent leurs collets à rebours des autres, fermés et estendus sur la poitrine, et ouverts sur l'épaule, — des femmes mariées, des filles, des devotes, des grandes et des petites chambrieres, seroit plus divertissante aux yeux des estrangers qu'une farce de comédie. » Zinzerling, qui a publié une voyage en France sous le pseudonyme de *Jodocus Sincerus*, formule des appréciations plus malgracieuses encore et écrit grossièrement que les femmes de Limoges sont laides. Il va sans dire que cet avis n'a pas été partagé par d'autres touristes. Je n'insiste pas. Je dois ajouter que les bijoux étaient rares dans la plupart des familles; mais les riches bourgeoises avaient, dans leurs *forciers* et leurs cassettes, quantité d'objets de valeur : agrafes, enseignes, ceintures, colliers, chaînes, épingles, bandeaux et autres ornements. Il est vrai qu'elles ne s'en paraient pas dans les circonstances ordinaires de la vie; ces objets provenaient le plus souvent de la traditionnelle « corbeille » de mariage ou des cadeaux rapportés par le mari de ses voyages de commerce : ils ne sortaient qu'aux grands jours de fête.

Les historiens et les voyageurs s'accordent à peindre sous les mêmes traits le caractère des habitants de Limoges. Notre ville est, dit de Thou, la cité de la vieille économie — « *urbs antiquæ parcimoniæ* » ; — c'est un atelier où on travaille sans cesse, — « *officina diligentiæ* » — ajoute l'auteur de la notice insérée à l'atlas de Mercator. Coulon a bien connu nos concitoyens ; il les dépeint « industrieux, sobres, ménagers, semblables à ces plantes qui proffitent partout ». Golnitz confirme ce jugement et y ajoute un détail qu'il convient de ne pas omettre pour que l'esquisse soit complète : ils sont, dit-il, « adroits, ingénieux, avisés, ne se hâtent point — comme c'est bien cela ! — et savent à merveille pourvoir à leurs intérêts et à ceux de leur famille » : *industriosi, ingeniosi et cauti, nec præcipites, egregie sibi suisque consulentes.*

Avec ces aptitudes et ces qualités, la population de Limoges devait nécessairement s'adonner au commerce et y réussir. Aussi loin que puisse plonger notre regard dans le passé, nous voyons la capitale du Limousin fabriquer des objets assez variés et envoyer les produits de ses ateliers au dehors. Nous ne saurions donner ici un aperçu, même fort sommaire, de l'histoire du commerce et des industries de notre ville. Ses multiples fabrications ont, au cours des siècles, subi des évolutions considérables. De véritables bouleversements même se sont produits qui ont fait abandonner certaines voies où nos pères avaient longtemps marché : on a vu des industries nouvelles surgir tout d'un coup et conquérir en quelques années une vogue extraordinaire. Les objets principaux qui sortaient de nos ouvroirs étaient, outre les pièces d'orfèvrerie et d'émaillerie, les marchandises de sellerie, bimbeloterie, fonderie, poterie d'étain, chaudronnerie, draperie et droguets, broderie, passementerie, de menus ustensiles de corne et des boutons de toute espèce, des épingles, des couteaux, des tapis. La faïencerie précéda de peu la porcelaine : Limoges ne paraît pas avoir produit de faïence avant le dix-huitième siècle.

Les relations commerciales de notre ville sont fort étendues dès le moyen âge ; on les constate avec des points éloignés du royaume : Lyon, Troyes, Provins, Rouen, La Rochelle, Toulouse, Avignon, Montpellier, avec l'Italie, la Suisse, l'Espagne, l'Angleterre et les Flandres. Plus tard, certaines de nos marchandises, les couteaux, par exemple, trouvent un débouché en Turquie. Au seizième et dix-septième siècles, on rencontre nos négociants sur les navires qui parcourent la Méditerranée, et plusieurs sont pris par les corsaires barbaresques.

Avant de vous parler des associations dont la similitude de l'industrie ou du commerce, la communauté des intérêts professionnels constituèrent le lien principal, il convient de vous entretenir des groupes à la formation desquels une pensée religieuse ou charitable seule présida et dont l'influence sociale nous apparaît énorme au cours des six derniers siècles.

Beaucoup de fidèles n'estimèrent pas suffisant le lien de fraternité établi par la même foi entre tous les disciples de l'Evangile et voulurent, en dehors du cadre ecclésiastique, mais sous l'autorité des évêques, constituer des associations particulières pour se livrer avec plus de régularité et de ferveur à certaines pratiques de dévotion ou vaquer avec plus d'efficacité à certaines œuvres de bienfaisance. Ces groupes furent les confréries. L'antiquité et les premiers siècles du christianisme avaient connu des sociétés de ce genre et certaines communautés de fidèles, au temps des empereurs romains, ne nous apparaissent pas très différentes de nos charités du moyen âge. Ces confréries s'étaient éteintes ; tout au moins n'en retrouve-t-on aucune trace pendant de longues années. On a prétendu, et la dernière de nos Encyclopédies, celle qui porte le nom de M. Berthelot, reproduit cette affirmation déjà émise par Mgr Bouvier, qu'elles ne reparurent qu'au treizième siècle. Les témoignages de nos chroniques et les pièces mêmes de nos archives nous les montrent existant à Limoges au siècle précédent.

Tout prouve que ces groupes ont exercé dans notre ville une action considérable au point de vue religieux et social. Peut-être même ont-ils, à certains moments, pris, sans perdre leur esprit essentiel, un caractère politique et ont-ils joué un rôle dans les événements extérieurs. J'ai toujours pensé, pour ma part, qu'une des confréries instituées dans la basilique de Saint-Martial avait pu contribuer à l'établissement de la commune du Château, être, par exemple, l'embryon, le noyau de la première organisation laïque constituée dans la nouvelle ville ou avoir servi soit de prétexte, soit de déguisement à cette organisation. Je n'en ai toutefois, je dois le dire, trouvé nulle part la preuve.

Ce qui apparaît clairement, c'est la force du lien qui unit tous les membres de chacune de ces associations ; c'est l'attachement profond, passionné parfois, qu'ils témoignent au groupe et aux intérêts collectifs ; ce sont les services qu'ils se rendent les uns aux autres dans un esprit de mutuelle charité ; c'est la grande autorité morale dont jouissent auprès de tous les associés les chefs élus de la confrérie, autorité qui doit avoir sa répercussion dans la vie ordinaire. Les plus anciens statuts dont le texte soit arrivé jusqu'à nous, ceux d'une société de pure dévotion, la Confrérie de « Notre-Dame sur l'autel de Saint-Sauveur » (1212), nous fournissent les traits principaux des coutumes de ces groupes. Le devoir de visiter les associés malades, de leur procurer non seulement les secours spirituels, mais l'aide pécuniaire dont ils peuvent avoir besoin, *est inscrit dans ce premier règlement.* Si le malade meurt, tous ses confrères veillent son corps, prient pour son âme et interrompent tout travail jusqu'à l'inhumation, à laquelle ils doivent assister. Une messe est célébrée à leurs frais le jour des obsèques, une autre sept jours après. Les chefs de la pieuse famille, les officiers, ne sont pas seulement chargés de présider aux prières, aux manifestations religieuses, aux actes divers de la vie collective : une haute mission sociale leur est imposée à l'égard de leurs frères. Ils doivent faire régner entre eux la paix. Aussi est-il interdit à tout associé qui a un différend avec un autre, d'en saisir les juges. Il doit exposer ses griefs aux officiers de la compagnie. Ceux-ci s'informent de la difficulté, s'interposent entre les parties et les accordent ou, pour employer les termes mêmes du précieux document que nous étudions, leur donnent la paix — *deven lor donar patz.* De là la dénomination de *paguedors (pacatores),* prise par les chefs de la Confrérie. Les parties ainsi accordées sont tenues d'obéir à l'arbitrage, et le confrère qui n'observe pas la sentence des *paguedors* doit être chassé de l'association.

Les mêmes traits essentiels se retrouvent dans les statuts de la plupart de nos confréries limousines. Les dispositions que nous venons d'emprunter au règlement de la Confrérie de Notre-Dame de Saint-Sauveur, figurent à la charte constitutive d'autres associations, non seulement du moyen âge, mais des xviie et xviiie siècles. Les termes sont parfois moins impératifs, mais les statuts ne s'expriment pas d'une façon moins nette à cet égard ; écoutez par exemple à quatre cents ans d'intervalle ceux des Pénitents feuillemorte, fondés en 1619 : « Tous les associés vivront en paix, union, *charité, comme de bons chrétiens, se prévenant les uns les autres* par toutes sortes de marques d'une vraie affection, évitant entre eux tout sujet de querelle et de contestation. Que s'il leur survenoit quelque différend, ils tâcheront de se réconcilier au plus tôt, sans avoir recours à d'autre voie qu'à celle de la médiation et s'en rapportant entièrement à la décision du conseil de la Compagnie. » Un autre article prescrit de visiter les confrères malades et « de les assister de toutes sortes de secours spirituels et temporels » s'ils en ont besoin. Jusqu'à la fin, les associations de cette nature resteront fidèles à l'esprit de fraternité et de paix qui les ont animées au début, et, dans un mémoire adressé en 1781 à M. Amelot, secrétaire d'Etat, les prieurs des Compagnies de Pénitents de Limoges, répondant aux calomnies dirigées contre l'institution, pourront dire avec une légitime fierté : « Il n'y a point de pauvres parmi nous. »

Il faut ajouter qu'une partie de ces sociétés, les Pénitents, les Pèlerins de Saint-Jacques, les Pastoureaux et d'autres, avaient un costume spécial, qu'ils portaient dans les cérémonies et qui donnait à nos processions l'aspect si pittoresque et si touchant qu'elles ont conservé jusqu'à notre époque.

Tout cela explique la vogue extraordinaire de nos confréries et le zèle de chaque membre pour la prospérité et l'honneur de son groupe. Il n'y avait pour ainsi dire pas un chef de famille, à Limoges, qui n'appartînt à une de ces sociétés. L'abbé Bullat affirme avoir compté quatre cent soixante pénitents pourpres assistant avec leur costume à une procession peu avant 1789 ; la Compagnie des pénitents gris n'avait pas moins de cinq cents membres au dix-huitième siècle ; au dix-septième, la Grande Confrérie de Saint-Martial en avait possédé six cents, et celle de Notre-Dame de Pitié, dit-on, quatorze cents. Toutefois, le Préfet de la Haute-Vienne exagérait certainement quand, dans un rapport adressé en 1809 au ministre de l'Intérieur, il évaluait l'effectif des associations de pénitents du département à près de 6,000 hommes, dont environ 4,000 pour celles de Limoges, ville de 21 à 22,000 âmes au plus à cette époque. Ce rapport, empreint d'une prudence excessive et du plus pur esprit administratif, est du reste un document tout à fait caractéristique de l'époque.

Je n'ai parlé que des confréries de piété dont l'objet était la sanctification personnelle de l'associé, la pénitence, la participation aux cérémonies de l'Eglise, la décence ou l'éclat du culte. Les associations laïques de charité, que nous trouvons organisées et fonctionnant avec zèle dès le temps de Philippe-Auguste, n'ont pas joué à Limoges un moindre rôle. Les unes, comme celle des *Suaires*, se proposaient d'assurer aux plus misérables des habitants de la ville, un linceul, des obsèques décentes et des prières autour de la fosse où étaient déposés leurs restes ; les autres, comme celle des *Pauvres à vêtir*, distribuaient des secours en argent ou en nature aux nécessiteux ; d'autres encore s'étaient assigné une tâche plus limitée, par exemple le soin de pourvoir aux besoins d'un établissement spécial et à l'assistance des pauvres atteints d'une maladie déterminée : telle la Société du Saint-Esprit qui semble liée à la Maison-Dieu des Lépreux. Presque tous les groupes créés dans un but exclusif de dévotion recommandaient du reste ou même imposaient à leurs membres l'aumône et certaines œuvres d'assistance. Les bailes de la Grande Confrérie de Saint-Martial sollicitaient, aux Quatre-Temps, les libéralités de tous les membres en faveur des hôpitaux, des pauvres honteux et des indigents en général ; les Pénitents visitaient les malades et les prisonniers, et la Compagnie des Noirs au seizième siècle, celle des Pourpres au dix-septième, accompagnaient le condamné à l'échafaud, suivaient après l'exécution sa dépouille au cimetière et s'agenouillaient *comme une famille autour de la croix plantée sur sa* tombe. Par une sublime inspiration de la foi et de la charité, plusieurs des membres de cette dernière association, des négociants aisés, de riches bourgeois, des magistrats, d'anciens officiers voulurent être enterrés dans le cimetière des suppliciés, auprès des restes de ces criminels à qui leur réconciliation avec Jésus-Christ, à l'heure suprême, avait ouvert le chemin du ciel, et dans lesquels ces âmes, profondément croyantes, voyaient pour leurs propres fautes des intercesseurs auprès de la miséricorde de Dieu.

Les fondations charitables de toute sorte sont nombreuses à Limoges au moyen âge. Un hôpital, pour les pèlerins et les pauvres malades, a existé dès une époque reculée auprès du tombeau de Saint Martial. La légende en fait remonter l'origine aux libéralités de sainte Valérie et de son fiancé. Nos archives attestent que, dès le dixième siècle, il reçoit des donations de diverses familles féodales et se trouve dans les dépendances de l'abbaye. En 1158, un évêque dont Limoges ne doit pas oublier le nom, Gérald du Cher, fonde au faubourg de Saint-Gérald un autre hôpital sur l'emplacement où s'élèvera au dix-septième siècle notre hôpital général. La maladrerie de la Maison-Dieu a été, dit-on, construite par le même prélat. Elle abrite une petite communauté de lépreux, qui élisent ou tout au moins acceptent librement le prieur désigné par l'autorité ecclésiastique et administrent directement leurs biens. Une autre léproserie, celle de Saint-Jacques, paraissant avoir remplacé un hospice de pèlerins et de voyageurs, s'élève à l'entrée des faubourgs de la Cité, derrière Saint-Augustin. Nous avons vu un autre hospice de Saint-Jacques tout au haut de la ville, auprès de Notre-Dame des Arènes. — Ces établissements ont été créés par des évêques, des corps ecclésiastiques ou des confréries ; mais d'autres doivent l'existence à la généreuse charité d'un particulier : telle l'aumônerie du Pont-Saint-Martial fondée vers 1225 par un bourgeois du Château, Aymeric La Gorse, avec ses seules ressources, et l'hôpital de Saint-Maurice, qu'un habitant de la Cité, Jean Roche, a installé dans sa propre maison aux termes de son testament portant la date de 1319.

Notons encore, dans le Château, une institution intéressante : les aumônes municipales de Sainte-Croix et des Pains de Noël. On appelait de ce nom des distributions en argent et en nature, faites chaque année à certaines époques par les magistrats de la commune, à l'aide, soit d'une levée spéciale de deniers, soit des revenus provenant de fonds constitués par divers legs ou donations et administrés par des bailes ou préposés spéciaux. Plusieurs de ces libéralités ont été faites expressément en vue d'appeler la bénédiction de Dieu sur l'élection des consuls. D'après un passage fort curieux de la chronique de Vigeois, ces distributions d'aumônes dans les villes remonteraient à une époque postérieure de peu à la première Croisade.

Les corporations de métiers étaient, vers le milieu du treizième siècle, au nombre de trente-trois dans le Château de Limoges. Peut-être ce nombre était-il symbolique et avait-il été fixé en mémoire des trente-trois ans que Jésus-Christ passa sur la terre. Quoiqu'il en soit, nous savons peu de chose de l'organisation du travail dans notre ville au moyen âge.

Il semble bien que chacun avait le droit d'exercer la profession de son choix, en se conformant aux coutumes, sous le contrôle des bailes du métier et la police des magistrats municipaux. A ces coutumes se substituèrent peu à peu des statuts rédigés, d'après les usages en vigueur, par le corps professionnel lui-même, et approuvés par l'autorité communale et l'autorité judiciaire. La bonne qualité de la marchandise paraît être la préoccupation dominante des auteurs de ces règlements ; on trouve, dans le texte de ceux qui nous sont parvenus, peu de renseignements sur la distinction entre les diverses catégories de travailleurs, sur les rapports entre patrons et ouvriers. Particularité singulière, le mot de « maître » n'est pas prononcé une seule fois dans les plus anciens. Les coutumes proclament que le métier est « communal », c'est-à-dire que son exercice dépend de la commune au lieu de dépendre d'un seigneur, et que tout bourgeois peut ouvrir un magasin ou atelier en vertu des libertés et privilèges de la ville, en remplissant bien entendu certaines conditions et en justifiant d'une certaine capacité. Plus tard, le gouvernement, sous la pression des besoins du fisc, substituera ses exigences tracassières à la large liberté municipale ; le nombre des maîtres sera limité et la maîtrise s'achètera à chers deniers.

Nous voilà bien loin de l'atelier familial soumis à la discipline et aux coutumes du foyer. Nous nous en éloignerons plus encore au dix-huitième siècle, quand le régime manufacturier fera son apparition dans notre pays et que les conflits entre les patrons et leurs ouvriers emprunteront à l'importance de l'atelier, au nombre des personnes employées, une gravité qu'ils n'avaient pas eue jusque-là.

Dans le Château, les métiers faisaient tour à tour, au moyen âge, le service du guet ; mais à l'inverse de ce qui se passait ailleurs, en Flandre par exemple, ils ne formèrent jamais un corps politique et on ne voit pas qu'à aucune époque ils aient joué un rôle dans les divisions et les querelles locales. Le lien principal de la corporation professionnelle, à cette époque, c'est le lien religieux. Ici encore nous retrouvons la confrérie avec les mêmes obligations de charité, le même esprit de fraternité, mais avec une vie moins intense et des manifestations religieuses plus rares que celles Jes groupes dont nous avons parlé plus haut.

Au moyen âge, toutes ces petites sociétés, qu'anime une activité propre et qui jouissent d'une assez grande indépendance, se meuvent dans le cercle plus large de la commune. La population de la Cité, dont les institutions municipales peuvent seules avoir puisé leur origine dans celles de la période gallo-romaine, ne paraît avoir, à aucune époque du passé, joui d'une complète autonomie. L'évêque, qui est le plus grand seigneur féodal du pays et tient tout le haut cours de la Vienne, puisqu'il possède dans sa mouvance, outre la vieille ville de Limoges, Eymoutiers, Saint-Léonard et Saint-Junien, — ne laisse pas se développer une organisation qui annihilerait ou restreindrait tout au moins son autorité dans sa propre capitale. Les six consuls de la Cité semblent n'avoir été jamais de gros personnages.

Pendant quelques années, entre 1213 et 1224, sous la protection des rois d'Angleterre, ducs d'Aquitaine : Jean Sans-Terre et Henri III, et durant l'absence de l'évêque qui, en butte aux persécutions de ces princes, dut à certains moments abandonner son siège, la commune put jouir d'une indépendance assez large ; mais elle ne posséda jamais la puissance ni les libertés de sa voisine, la commune du Château. La prise de la Cité par le prince Noir, en 1370, et l'abandon définitif, à partir de cette catastrophe, du quartier épiscopal par les autorités, la population riche et le commerce, réduisirent les magistrats de la vieille ville, à une condition peu différente de celle des syndics des petits bourgs. Néanmoins le consulat subsista et l'administration des deux groupes de population était encore distincte au début de la période révolutionnaire ; à partir du 11 novembre 1792 seulement, Limoges n'eut plus qu'une municipalité unique.

Tout autres nous apparaissent, dans les nombreux documents où se réflète l'histoire de la ville de Saint-Martial, les consuls du Château, qui étaient au nombre de douze, et dont le mandat avait une durée d'un an seulement. Nous les voyons en lutte, dès l'origine, avec le chef de la célèbre abbaye et le vicomte de Limoges, qui, vassal ou avoué du monastère au début, a peu à peu réussi à substituer son autorité à celle du véritable seigneur. Les chefs de la bourgeoisie industrieuse et riche de la nouvelle ville ont tiré leur influence et reçu leur première investiture de la force des choses : il a bien fallu que leurs seigneurs comptent avec eux. Ils ont réussi à imposer à ceux-ci le respect de leurs biens et de leurs personnes, tantôt par l'adresse, tantôt par la force, négociant et finançant aujourd'hui, recourant demain aux armes et se renfermant derrière leurs remparts où, pendant une douzaine d'années, entre 1262 et 1274, ils constituent une sorte de petite république, dont quelques documents contemporains attestent l'autonomie à peu près absolue — puis défendant pied à pied leurs libertés devant le Parlement et le Grand Conseil, s'embusquant et se fortifiant successivement derrière tous les incidents d'un interminable procès. La lutte entamée sous Saint-Louis, ou même dès les premières années du treizième siècle, interrompue à plusieurs reprises par les évènements de toute sorte, les guerres, les calculs de la politique, les exigences des temps, les catastrophes nationales, ne prendra fin que sous Charles IX, comme je le dirai plus loin. Au cours de ce long duel, les magistrats municipaux, trahis deux fois par la fortune des armes, ont réussi par leur énergie, leur persévérance, leur habile diplomatie, non seulement à retarder la victoire définitive des vicomtes, mais à assurer à la population de la ville de longues périodes d'indépendance et de paix. Ils ont obtenu du roi d'Angleterre, une première fois à la fin du douzième siècle, dans des circonstances que nous ne connaissons pas ; une seconde en 1261, après le traité de Paris et de Londres ; une troisième en 1361, après celui de Brétigny, la confirmation de leurs coutumes et privilèges, et ont été mis officiellement par le sénéchal anglais, dans une journée mémorable (5 décembre 1365), en possession de toutes les prérogatives seigneuriales, au mépris des droits de l'abbé et des revendications du vicomte. Plus tard, ils ont directement traité de la reddition de leur ville avec le roi de France, et Charles V, pour rentrer en possession d'une place considérée comme la clé de toute la contrée, a solennellement réuni Limoges à la Couronne, donné à perpétuité le Château à la commune et reconnu les magistrats municipaux seuls seigneurs de la ville, seuls justiciers, seuls chefs militaires, seuls administrateurs, sous la haute et unique mouvance du souverain. Et de 1371 à 1544, durant deux siècles, les consuls, malgré quelques entreprises de l'autorité royale, réussissent à maintenir cet état de choses et à faire jouir, sous leur autorité, leurs concitoyens des libertés les plus larges et les plus fécondes.

Pendant que se fixe pour des siècles l'organisation de la société laïque, une évolution des plus intéressantes se prépare dans le monde religieux : l'ordre monastique va donner une nouvelle et magnifique floraison. Les abbayes fondées du sixième au onzième siècles sont presque toutes devenues de grands propriétaires territoriaux et ont pris place dans la hiérarchie féodale. Leurs rapports avec le peuple, relativement rares, ont changé de caractère. Il faut bien se souvenir, du reste, que l'objectif des moines, souvent disciples d'un ermite, a été surtout la méditation, la pénitence, la prière et l'étude, et non à proprement parler l'apostolat et l'action sociale. Tout en continuant à servir la religion et l'humanité par leurs travaux, leurs exemples et leurs bonnes œuvres, les Bénédictins et les autres religieux des instituts analogues n'ont plus, du reste, le zèle et l'esprit de sacrifice des premiers temps. L'état de la société réclame des ouvriers animés d'un esprit nouveau, moins absorbés par la contemplation et la prière, mêlés davantage à la vie quotidienne des populations. Quelques grands saints, cœurs vaillants et hautes intelligences, ont l'intuition des besoins des générations prochaines et du genre d'apostolat qui leur conviendra ; ils fondent les ordres mendiants, dont, en quelques années, les maisons vont se multiplier à l'infini.

La pacifique invasion de ces nouveaux apôtres est signalée à Limoges dès 1220. Au carême de cette année arrive Pierre Cellani, un des fidèles compagnons de Saint-Dominique. Il s'installa d'abord en face de la ville, au bord du chemin qui, du pont Saint-Martial, monte à Saint-Lazare ; mais comprenant presque aussitôt la nécessité de s'établir plus à portée de la population dont ils viennent réchauffer la foi, les Frères prêcheurs fondent leur monastère définitif à l'extrémité du faubourg Manigne : maison importante qui comptera, dit-on, dans sa période de prospérité, plus de cent religieux et d'où sortiront un certain nombre d'hommes distingués. Le cloître des Frères prêcheurs abritera des cours de philosophie, de théologie et de sciences. Leur chapelle, amputée d'une portion du chœur, deviendra l'église paroissiale de Saint-Thomas-d'Aquin, puis de Sainte-Marie.

Après les enfants de Saint-Dominique, apparaissent les fils de Saint-François qui, grâce à leur simplicité, à leur esprit de pauvreté et à leur éloquence familière, acquièrent sur le peuple une influence sans pareille. A la suite d'un différend avec l'abbaye de Saint-Martin, ils abandonnent leur première maison de la Fontaine des

Menudets, près la gare, et s'établissent plus haut, au débouché actuel du boulevard de Fleurus sur la place Jourdan. Leur premier gardien est le doux Saint-Antoine de Padoue lui-même, dont les prédications et les miracles laisseront, dans la contrée, un profond souvenir. Aucune famille religieuse n'atteindra jamais au degré de popularité que vont acquérir les Franciscains : ils compteront jusqu'à trois maisons indépendantes existant simultanément à Limoges : le grand couvent des Cordeliers, sous les murailles du Château ; les Récollets de Sainte-Valérie, au-dessous de l'hôpital de Saint-Gérald, et les Récollets de Saint-François, à l'intérieur de la ville (ancienne Comédie). Limoges verra avant la fin du treizième siècle s'établir près de ses murs deux autres colonies régulières : les Carmes en 1260 et les Augustins en 1290.

Les détails qui précèdent m'ont amené à empiéter sur une période de l'histoire à laquelle, dans notre voyage à travers les temps, nous n'étions pas encore parvenus. Mais je n'ai nullement la prétention de vous présenter un simple résumé chronologique. Il m'a semblé que mon esquisse pourrait vous offrir plus d'intérêt si j'en complétais au fur et à mesure certaines parties par des traits empruntés aux âges plus rapprochés de nous. Il est nécessaire, toutefois, de revenir maintenant à quelques siècles en arrière.

Après avoir été placé sous la dépendance des comtes de Toulouse, Limoges passa sous celle des comtes de Poitiers. Les premiers avaient institué nos vicomtes, dont le rôle a été complexe : leur caractère primitif d'officiers de grands feudataires disparut avec le temps et ils demeurèrent les vassaux directs du roi pour certaines de leurs possessions, pour d'autres les vassaux de divers seigneurs de la province, de l'abbé de Saint-Martial notamment, duquel ils tenaient le Château de Limoges, Pierrebuffière et la tour de Château-Chervix.

Le divorce d'Aliénor d'Aquitaine avec Louis VII et son mariage avec Henri Plantagenet, duc d'Anjou, qui monte en 1154 sur le trône d'Angleterre, inaugurent une phase particulièrement agitée de l'histoire de notre région. Pendant de longues années, les provinces du Centre et de l'Ouest vont être troublées, meurtries, ravagées, ensanglantées par les discordes de cette famille batailleuse et enragée des Plantagenets. Ces guerres préluderont à la grande lutte entre les souverains français et les souverains anglais, qui ne prendra fin, dans notre région, qu'à l'époque des victoires de Jeanne d'Arc.

En 855, Charles le Jeune, fils de Charles le Simple, avait été sacré roi d'Aquitaine dans la basilique de Saint-Martial. Peut-être, aux deux siècles suivants, certains ducs d'Aquitaine étaient-ils venus aussi s'y faire couronner. Henri d'Anjou voulut, en 1152, suivre cet exemple.

La légende de saint Martial représente sainte Valérie comme la fille et l'héritière d'un grand seigneur; allant plus loin, l'imagination populaire avait fait d'elle une duchesse d'Aquitaine : le nouveau duc tint à mettre solennellement à son doigt l'anneau de la sainte, conservé à la cathédrale de Limoges. Il espérait donner par là, aux yeux du peuple, une consécration religieuse aux droits qu'il tenait de son mariage avec l'héritière des comtes de Poitiers. La cérémonie eut de fâcheuses conséquences. Une émeute éclata ; Henri la réprima durement et fit abattre les murailles et combler les fossés du Château. Quinze ans après, Henri et Aliénor se dessaisirent, en faveurde leur second fils Richard, du duché d'Aquitaine. Richard vint à son tour se faire sacrer à Limoges. Mais ses différends avec ses frères et la révolte des fils du roi d'Angleterre contre leur père devinrent le signal d'une guerre qui ne dura pas moins de cinq ans et au cours de laquelle une partie des provinces de l'Aquitaine furent ravagées par des bandes de mercenaires se livrant à tous les excès.

Les barons du pays avaient pris parti, les uns pour le roi, les autres pour les révoltés. La mort du fils aîné du souverain, Henri le Jeune, dont le célèbre troubadour Bertrand de Born a exalté les qualités, put seule amener la fin de cette funeste lutte. La prise, par le roi, du Château de Limoges, au mois de juin 1182, mit un terme aux hostilités. Le vicomte y avait eu part : il se souvint, quand Richard Cœur de Lion, devenu roi à son tour, fut parti pour la Croisade, de ses griefs contre le bouillant prince, et, fort de l'appui de Philippe-Auguste, se souleva de nouveau. Ce fut en réprimant cette révolte à son retour de captivité que Richard reçut une blessure mortelle au siège de Châlus.

Les évêques avaient, depuis longtemps, tenté de réfréner les passions belliqueuses des seigneurs féodaux. Le Concile de Limoges, en 1031, après les Conciles de Charroux (vers 988) et de Poitiers (1000), avait prononcé les plus terribles anathèmes contre les chevaliers batailleurs, les oppresseurs du pauvre peuple et les perturbateurs du repos public. Quand les mercenaires à la solde des Plantagenets ravagèrent le pays, les successeurs de saint Martial n'hésitèrent pas à prêcher la croisade de la paix contre ces brigands. On vit l'évêque Gérald du Cher, aveugle, chevaucher au milieu des chevaliers et des milices de la province qui allaient tailler en pièces, à Malemort, une de leurs principales bandes. Plus tard, Sébrand Chabot, successeur de Gérald, défit et poursuivit jusque dans la Combraille une véritable armée de ces aventuriers connus sous la dénomination de Brabançons. Enfin, Jean de Veyrac leur reprit la ville et le château de Noblat-Saint-Léonard. Bernard de Savennes et Gui du Cluzeau, successeurs de ces énergiques pasteurs, interviennent entre les seigneurs du diocèse et obtiennent que ceux-ci prennent l'engagement formel de ne pas fouler dans leurs querelles les habitants des campagnes, de ne pas brûler les maisons et de pas s'emparer des animaux de labour. Plus tard, en 1269, Aymeric de Serre, outré des excès commis contre les bourgeois de Limoges et les paysans par les hommes d'armes de la vicomtesse Marguerite, convoquera les communes et ira, à leur tête, s'emparer de la forteresse de Châlucet. Au quinzième siècle, l'évêque Pierre de Montbrun s'interposera entre les communes et le lieutenant général du vicomte pour épargner à la contrée les horreurs de la guerre. Vous voyez qu'en Limousin, pas plus qu'ailleurs, l'Eglise n'a jamais failli à sa mission et que l'Histoire en porte un solennel témoignage.

Un parti français et un parti anglais se sont formés ; l'évêque de Limoges est le chef avoué du premier, auquel appartient également le vicomte. Les communes qu'ont presque constamment protégées, peut-être même fondées les trois derniers ducs d'Aquitaine de la famille des Plantagenets : Richard, Jean sans Terre et Henri III, ont embrassé le second. Le diocèse de Limoges, confisqué avec le reste des Etats continentaux du roi d'Angleterre en 1204, soumis entièrement à l'autorité française vingt ans plus tard, à la suite de l'expédition de Louis VIII à La Rochelle, est rendu, en 1258, à Henri III par Saint Louis sous certaines réserves, celles notamment de l'hommage et de l'appel au souverain. De plus, le roi de France entretient, sur les territoires restitués, un sénéchal dont la haute situation et la grande autorité entravent singulièrement l'action et diminue l'influence des officiers du duc d'Aquitaine. Néanmoins, la protection accordée par celui-ci aux communes semble avoir encouragé les consuls du Château dans leur révolte contre le vicomte. Après treize ans d'hostilités, Philippe III enjoint à Edouard Iᵉʳ, qui vient de succéder à son père, d'abandonner la cause des bourgeois, que le roi d'Angleterre a énergiquement soutenue. En vain les magistrats municipaux, au cours d'une dernière et dramatique entrevue avec ce prince, dans le cloître de Saint-Martial, jettent les clés de la ville aux pieds d'Edouard, en lui rappelant leur fidélité à tous les siens et le mettent en demeure de les défendre. Le roi d'Angleterre refuse d'aller plus loin dans une voie qui aboutirait à une guerre avec le roi de France. S'il se laisse entraîner à faire marcher des troupes, sous le commandement de son oncle, contre Aixe, occupé par les vicomtins, ces troupes se retirent à la première sommation d'un héraut de Philippe III. Le Parlement condamne le roi d'Angleterre, à la suite de cette expédition, à une grosse

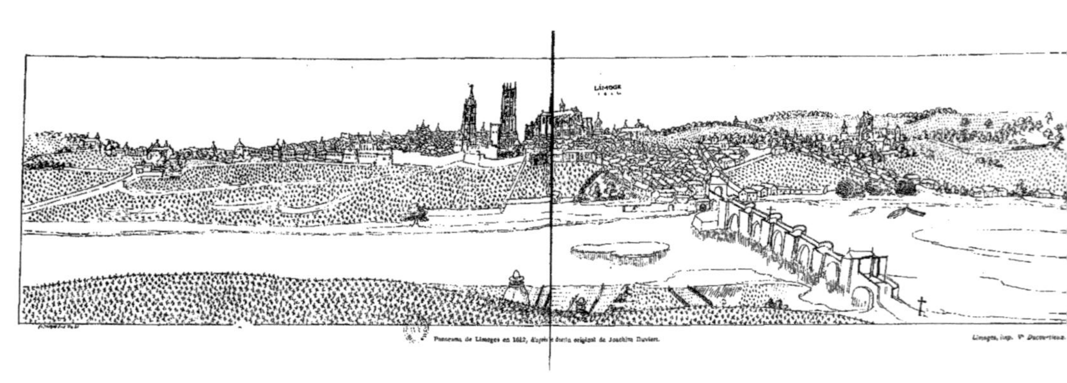

Panorama de Limoges en 1612, d'après le dessin original de Joachim Duviert.

Limoges, imp. V⁰ Ducourtieux.

amende et à des dommages intérêts considérables. Il annulle le serment qu'Henri III et Edouard Ier se sont fait prêter par les bourgeois. Mais déjà ceux-ci se sont résignés à rouvrir leurs portes à la veuve du dernier vicomte (11 novembre 1274) et à subir les conditions humiliantes d'une sentence arbitrale rendue par les frères de Maumont, tout dévoués à l'adversaire de la commune.

La guerre de Cent Ans éclate. Les deux villes de Limoges sont *remises à Chandos, lieutenant-général du roi d'Angleterre,* en vertu du traité de Brétigny. Mais neuf ans ne se sont pas écoulés qu'à la suite de l'imposition d'un fouage trop lourd sur les provinces cédées aux Anglais, les populations protestent et se soulèvent contre la domination d'Edouard III. Une expédition est organisée en secret avec une extrême diligence ; des troupes, commandées par les ducs de Berri, de Bourbon et le maréchal de Sancerre, et que seconde une diversion de Duguesclin du côté de Saint-Yrieix, se présentent devant la Cité de Limoges. Celle-ci, grâce à la connivence de l'évêque Jean de Cros, ouvre ses portes aux Français le 24 août 1370. Malheureusement, les chefs ne laissent à la garde de leur conquête que des forces insuffisantes ; le Prince Noir, qui a quitté Cognac à la nouvelle des évènements en jurant de tirer de cette trahison une vengeance éclatante, arrive le 10 septembre, met le siège devant la Cité, y entre par la brèche le 19 et massacre tout ce qu'il trouve sur son passage ; mais arrivés auprès de la cathédrale, les vainqueurs sont arrêtés par trois chevaliers français qui engagent, contre trois des chefs des troupes anglaises, un combat épique. Froissart, qui a raconté cet épisode dans sa langue pittoresque et savoureuse, assure que le Prince Noir, présent à cette prouesse, fut émerveillé du courage de ces trois vaillants, que le spectacle de leurs exploits « remboucha la pointe de sa colère » et qu'il commença par eux à faire grâce à tous les habitants de la Cité. Il y avait eu certainement un grand nombre de victimes ; mais étant donné le peu d'étendue de la ville épiscopale et la densité médiocre de sa population, le chiffre de dix-huit mille morts, indiqué par l'auteur de nos *Annales,* est, on peut l'affirmer sans crainte, ridiculement exagéré. Il semble même qu'il y aurait lieu de rabattre de celui de trois mille accusé par Froissart.

La terreur répandue au loin par ce châtiment n'empêcha pas les habitants du Château, jusqu'ici fidèles à la cause anglaise, mais dont les intérêts souffraient de l'abandon où Edouard III laissait le pays et de l'insécurité générale, de négocier, nous avons dit plus haut dans quelles conditions, de la reddition de leur ville avec le roi de France. Après avoir eu, au couvent des Frères Prêcheurs, le 14 novembre 1371, plusieurs conférences avec le maréchal de Sancerre, commandant des troupes françaises dans la région, les consuls ouvrirent leurs portes aux soldats de Charles V.

Celui-ci s'était fait céder, le 9 juillet 1369, la vicomté de Limoges par la vicomtesse Françoise de Bretagne, veuve de Charles de Blois, et il montra certainement l'acte aux trois députés envoyés à Paris par les consuls du Château pour traiter des conditions de leur retour à la France; mais la politique a parfois des pratiques malhonnêtes. Le roi omit de dire aux bourgeois qu'à la même date, lui, Charles, avait souscrit à la vicomtesse une contre-lettre par laquelle il s'engageait solennellement à la remettre en possession de tous ses États, sans en rien excepter, dès que lui-même les aurait reconquis. Ce sera là tout le procès dit *de la Vicomté* : pendant deux cents ans, le Parlement entendra d'un côté les consuls invoquer la cession sans réserve de la vicomté au roi et les lettres par lesquelles Charles V a, en vertu de cette cession, réuni le Château à la couronne et donné à perpétuité la seigneurie de la ville à la Commune, — et les vicomtes, de l'autre, alléguer la contre-lettre et réclamer l'exécution des promesses formelles du souverain.

Quoi qu'il en soit, les Anglais ne devaient plus rentrer à Limoges. Soixante ou soixante-dix ans encore, les routiers, qu'ils soudoient ou qui se réclament d'eux, occupent les principales forteresses du pays, courent les chemins et pillent les campagnes. La capitale de la province réussit à les tenir à distance. Elle envoie même contre les garnisons anglaises les plus rapprochées de petites expéditions, fournit aux troupes françaises de l'artillerie, des munitions, des renforts, des secours de toute espèce. Non seulement elle a alors à se défendre contre les entreprises des ennemis du roi, mais à se garder de celles des vicomtes qui revendiquent sans relâche leurs droits et font tous leurs efforts pour rentrer en possession du chef-lieu de leur seigneurie. La famille de Bretagne, qui doit à un mariage d'avoir succédé aux anciens seigneurs, est venue s'établir en Limousin. Un des petits-fils de Charles de Blois, Jean de Penthièvre, seigneur de Laigle et lieutenant-général du vicomte, son frère, est un brave capitaine au service de Charles VII; il équipe à ses frais ses vassaux d'Excideuil et de Nontron pour courir sus à l'Anglais, vend pour entretenir ses hommes les dernières tasses d'argent qu'il possède, et mérite les bonnes grâces du roi. Celui-ci résiste néanmoins à toutes les instances et refuse de rendre le Château de Limoges aux héritiers des vicomtes. Jean essaie de le reprendre par la force ou la ruse et peu s'en faut qu'au mois d'août 1426, le succès ne couronne ses efforts, grâce à la trahison du consul Gautier Pradeau; mais le complot échoue; Pradeau paie son crime de sa tête, et c'est devant le Parlement que se poursuit désormais le différend entre la commune et son seigneur. Le procès, plusieurs fois arrêté, plusieurs fois repris, est enfin jugé : deux arrêts, en date du 7 septembre 1538 et du 5 septembre 1544, proclament le vicomte seul seigneur et justicier de la ville. Une transaction entre Jeanne d'Albret, alors vicomtesse, et les délégués des consuls, termine, le 30 juillet 1566, ce différend trois fois séculaire : les magistrats de la commune ne gardent que l'administration proprement dite, sous le contrôle des officiers de justice du seigneur, puis du souverain. Le pouvoir royal, bien servi par les intendants, va du reste amoindrir de plus en plus leur autorité, rogner patiemment leurs attributions, et on peut dire que notre histoire municipale est close vers le milieu du seizième siècle.

L'introduction du protestantisme suscita de terribles haines ; la Réforme trouva en Limousin des adeptes convaincus et des martyrs ; tel un malheureux vicaire de La Jonchère, Guillaume du Dognon, qui fut brûlé en 1555, au pilori de la place des Bancs. Des religieux Augustins du couvent de Limoges dépouillèrent le froc en plein prêche. On put croire un moment que la foi de la vieille bourgeoisie de notre ville allait être entamée; elle résista néanmoins aux plus redoutables assauts, et l'esprit de prosélytisme de Jeanne d'Albret, non moins que les violences des partisans de la nouvelle doctrine, nuisit à celle-ci plus qu'elle ne lui profita. L'échec de la Réforme fut complet à Limoges, et dès le règne de Louis XIII, elle n'y comptait plus qu'un petit nombre d'adhérents.

Les plus ardents des catholiques avaient embrassé la cause de la Ligue. Une conspiration fut ourdie pour surprendre Limoges. Deux de ses chefs, les seigneurs de Prinçay et du Bouchet, arrêtés dans l'hôtellerie du *Lion d'Or,* au faubourg Manigne, eurent la tête tranchée à ce même pilori du Vieux Marché, le 12 octobre 1579. Après l'assassinat d'Henri III, les Ligueurs, qu'indignait la pensée de voir monter sur le trône un prince huguenot, firent une nouvelle tentative. Cette fois l'évêque Henri de La Martonnie, le juge royal Martial de Petiot, fort populaire à Limoges et qu'on appelait « le saint », l'avocat du roi Aymeric Guibert, le vice-sénéchal Pierre de La Roche, plus connu sous le nom de « capitaine Vouzelle » ; le greffier Claude Rouard ; Léonard Delauze, hôte du *Cheval-Blanc* et capitaine de la milice, plusieurs autres personnages influents et énergiques étaient du complot. Il échoua cependant, grâce à la ferme attitude de l'intendant Méry de Vic et des magistrats municipaux. Un des consuls, Etienne Pinchaud, maître de la monnaie, fut tué et un autre, Durand-Brugière, blessé dans une émeute (15 octobre 1589). Les partisans de la Sainte-Union s'emparèrent de l'église de Saint-Michel, dans laquelle ils se fortifièrent ; mais leurs adhérents n'ayant pu réussir à soulever la population, les uns se rendirent, les autres tentèrent de s'échapper. Plusieurs furent pendus après un procès sommaire. Les ardents catholiques les tinrent pour de véritables martyrs et leur mémoire fut longtemps en vénération. A la suite de cet évènement, on délogea les Ligueurs de la Cité où l'évêque les avait introduits. Beaucoup de citoyens furent bannis. Le règne réparateur d'Henri IV, qui réunit la vicomté de Limoges à la Couronne, rétablit partout le calme, la sécurité et la concorde.

Limoges tient sa place, et une place distinguée, dans le mouvement littéraire de la Renaissance, comme il l'avait eue au moyen âge, où ses troubadours, ses hymnographes, ses chroniqueurs acquirent une juste renommée. Plusieurs de ses fils : Jean Dorat, Jean de Beaubreuil, Marc-Antoine Muret, Joachim Blanchon, marchent aux premiers rangs de la pléiade des savants, du chœur des poètes de leur siècle. L'architecture de cette époque n'a, par malheur, laissé l'empreinte de son style que sur quelques édifices privés, et les belles sculptures de la cathédrale : le jubé, le mausolée de Jean de Langeac, les vantaux du portail Saint-Jean, sont le legs le plus notable de la grande période qui a fait surgir du sol de la France tant de magnifiques monuments. Mais une importante et heureuse évolution de notre industrie artistique avait précédé ce renouveau. Peu après le milieu du quinzième siècle, l'art de la peinture en émail né peut-être des recherches de nos verriers, n'ayant en tous cas qu'un rapport fort éloigné avec l'ancienne œuvre de Limoges, s'implante dans notre ville. On ne sait rien de sa genèse. Nous constatons son existence et, avec les premiers Pénicaud, nous le trouvons déjà en possession d'une technique sûre et compliquée, sans que personne soit parvenu à surprendre la trace, les tâtonnements de la période empirique par laquelle il a dû passer. En peu d'années il conquiert une vogue qui a abandonné l'orfévrerie émaillée, depuis longtemps en décadence. Des hommes d'un grand talent et d'une habileté rare : Léonard Limosin et Pierre Raymond surtout, portent, dès le règne de Henri II, cet art délicat à sa perfection. Le Limosin produit des chefs-d'œuvre d'un coloris merveilleux et d'une incontestable puissance. Après lui, l'émaillerie commence à décliner. Au dix-huitième siècle la sève artistique des successeurs de nos maîtres est épuisée. Ceux qui pratiquent encore l'œuvre de l'émail ont perdu le vrai sens de leur art et abandonné les meilleurs procédés de la technique. Leurs plaques n'ont plus ni dessin ni couleur. Mais les fourneaux de Limoges ne doivent pas s'éteindre,

La découverte en 1765 de gisements considérables de kaolin dans les environs de Saint-Yrieix, dotera l'industrieuse cité d'un nouvel art du feu non moins séduisant, appelé à une fortune plus grande encore et, espérons-le, plus durable que celle de l'émail.

La vie de Saint Geoffroi du Chalard fait mention des écoles de Limoges dans les dernières années du onzième siècle, mais ne fournit aucun renseignement sur elles : il s'agit évidemment d'écoles placées sous l'autorité épiscopale. Elles sont, en 1308, hors des murailles au faubourg Saint-Gérald ; d'un *texte postérieur* de trente ans, il résulte qu'à cette date, elles se trouvent installées 'dans une maison de la place Saint-Gérald appartenant à l'archidiacre de la Marche et qu'on y enseigne notamment la grammaire et la logique. En 1489, nous voyons les magistrats municipaux investir pour une année un régent de la direction des écoles de la ville du Château ; cette investiture se fait dans les formes traditionnelles, par la remise d'un livre au maître. Mais la désignation de ce régent par les consuls ne constitue qu'une sorte de présentation ; car le droit de conférer les écoles appartient encore à cette époque au chantre de la cathédrale, dépositaire de la prérogative de l'évêque. Ce droit passe bientôt, non sans résistance et sans procès, de l'autorité ecclésiastique aux magistrats de l'Hôtel-de-Ville. En 1545, les grandes écoles se tiennent dans une maison à l'intérieur du Château, près de la Croix neuve. Un collège, dont la création a été décidée dès 1525, est organisé vers 1530, mais ne paraît pas avoir, dans ces conditions, fonctionné d'une manière satisfaisante. Changeant souvent de régents, n'offrant à la jeunesse qu'un *cursus* incomplet d'études, l'établissement ne répondait ni aux besoins du temps, ni aux légitimes désirs de la population. Les consuls se décidèrent à le confier, dans les dernières années du seizième siècle, aux Pères Jésuites, qui en prirent aussitôt possession : ils réparèrent et agrandirent les constructions, y installèrent un collège de plein exercice, y appelèrent de nombreux élèves. La maison, en 1620, en aurait compté plus de mille, avec trente-deux professeurs, s'il faut en croire certains documents. Après l'expulsion des Jésuites, l'établissement fut remis, en 1763, à des prêtres séculiers ; ceux-ci ne purent lui rendre la prospérité dont il avait joui sous ses anciens maîtres. La Révolution survint et le collège disparut.

De petites écoles étaient annexées à l'établissement : on comptait en outre, dans la ville, un certain nombre de classes tenues par des maîtres d'écriture ; il y avait même, au dix-huitième siècle, quelques pensionnats de jeunes gens offrant beaucoup d'analogie avec nos institutions d'aujourd'hui. — Limoges n'était pas sans ressources au point de vue de l'instruction des filles. Les religieuses de la Règle avaient, dès le seizième siècle, un pensionnat où elles recevaient les demoiselles de la noblesse et de la riche bourgeoisie. Au siècle suivant, les Visitandines, les Filles de Notre-Dame, les Filles de La Croix en ouvrirent à leur tour qui répondirent aux besoins d'une plus modeste clientèle. Mais c'est aux Ursulines que nous devons les premières écoles gratuites de filles : celles-ci furent créées très peu de temps après la fondation de la communauté de Limoges, qui date de 1620.

L'instruction primaire ne se développa que bien lentement dans notre ville. Les registres de nos paroisses en témoignent. En 1675 et 1676, à 232 actes de mariage, on ne relève que 56 signatures d'époux et 39 d'épouses ; en 1789 et 1790, sur 360 actes, 146 et 120 signatures. Il est vrai qu'en 1850, les chiffres ne diffèrent pas très sensiblement de ceux que fournit la dernière de ces dates : 179 signatures d'hommes et 130 de femmes sur 344 mariages.

Dans un livre substantiel autant que bien écrit, M. Pierre Laforest a tracé, au cours d'une série d'esquisses très colorées, l'histoire de Limoges au dix-septième siècle. Il nous fait surtout assister à la renaissance morale et religieuse qui a été l'honneur du règne de Louis XIII et qui s'est prolongée pendant la première période du règne suivant. Notre ville posséda alors un certain nombre d'hommes et de femmes dont la vertu, la piété, l'énergie, le dévouement, la féconde charité firent l'admiration de leurs contemporains et exercèrent sur la population la plus remarquable et la plus heureuse influence : Bardon de Brun, l'avocat des pauvres, le fondateur des confréries de pénitents, l'inspirateur des conférences ecclésiastiques ; Martial de Maledent, le grand homme de bien, à qui Limoges doit l'Hôpital général, la Mission, le Séminaire ; Mgr de La Fayette, dont un épiscopat de quarante-huit ans usa les forces sans épuiser le zèle ; Madame Germain, humble veuve d'un petit libraire, qui présida la première association de Dames de charité et créa l'orphelinat de la Providence ; Hélène Mercier, Marie de Petiot, Anne Decordes, fondatrices de la congrégation de Saint-Alexis, spécialement établie pour desservir notre hôpital, — et bien d'autres dont je ne puis rappeler ici ni les œuvres ni même les noms.

La période qui suit nous montre encore de beaux exemples de désintéressement et de zèle pour l'intérêt public. Juge de Saint-Martin, le « bon vieillard », témoigne d'un rare dévouement à tout ce qui peut contribuer au bien de ses concitoyens. Ardant du Picq avance à la province et à la ville des sommes considérables pour parer à une disette. Pétiniaud de Beaupeyrat compromet sa fortune pour venir en aide à ses concitoyens. Le malheur des temps, les passions révolutionnaires, le désarroi des finances communales retardent le paiement de cette créance sacrée, et le plus riche négociant de Limoges, victime de son généreux patriotisme, meurt petit employé dans une maison de commerce de Bordeaux.

Nous l'avons vu plus haut : Limoges avait, au seizième siècle, perdu ses plus précieuses libertés. Le dix-septième acheva l'œuvre. L'esprit municipal, si vivant et si énergique naguère, s'était peu à peu éteint. Le vieil hôtel de ville de la rue du Consulat, fidèle image de la commune elle même, tombait en ruines. La royauté, dominée par un idéal de centralisation à outrance dont ses intendants furent les agents les plus zélés, livrait l'administration à la bureaucratie. Celle-ci travaillait avec acharnement à détruire tout ce qui restait aux provinces et aux villes de leur autonomie, de leurs coutumes, de leurs liens particuliers. Ainsi l'ancien régime, en restreignant de tout son pouvoir la vie provinciale, préparait inconsciemment la destruction de la province elle-même, élément de force nationale et de résistance pourtant, — et le découpage tout arbitraire du territoire en départements sans liens d'intérêt commun, sans cohésion, sans vie propre, parfois de droits et de langues divers. Ici comme sur bien d'autres terrains, la Révolution ne fit que continuer l'œuvre de la monarchie centralisatrise.

Avec le dix-huitième siècle s'ouvre l'ère des grands travaux et des profondes transformations. Le roi nomme à l'Intendance de Limoges des administrateurs de premier ordre : d'Orsay, de Tourny, d'Aine, Turgot surtout. Ce dernier, qui attend encore sa statue, acquiert, par son zèle sincère pour le bien public, son application persévérante à *toutes les réformes utiles*, son dévouement sans bornes à tous les intérêts de la province, des titres impérissables à la reconnaissance des Limousins. Pourquoi faut-il qu'il apporte à notre bourgeoisie l'esprit irréligieux de l'Encyclopédie dont il la laissera imbue et dont la diffusion coïncida avec un certain relâchement des mœurs attesté par divers témoignages au cours de la seconde moitié du dix-huitième siècle. Mais l'administration du grand intendant laisse partout sa féconde et durable empreinte; longtemps après lui sa sollicitude prolonge ses bienfaits : maints travaux considérables effectués au cours du dix-neuvième siècle, n'ont fait que réaliser des projets conçus et étudiés par le grand intendant. Dès avant 1789, des routes magnifiques, qui exciteront l'admiration du voyageur anglais Arthur Young, mettent Limoges en communication avec les villes voisines et ouvrent à son commerce des débouchés dans toutes les directions. Des places, des promenades publiques ont été créées; le réseau, insuffisant du reste, de nos aqueducs et de nos égouts, a été l'objet de réparations; des mesures d'assainissement ont été prises. On a jeté à bas les remparts et les tours qui étreignaient les quartiers intérieurs de l'ancien Château dans une ceinture de granit; et pour la première fois depuis bien des siècles, l'air et la lumière pénètrent dans ces rues étroites, entre ces hautes maisons où nos aïeux vécurent, courbés avec résignation sur le travail de chaque jour, mais sachant élever leur âme avec leurs yeux vers le ciel pour y chercher le réconfort et l'espérance.

Nous voici parvenus au seuil de l'époque révolutionnaire. Le chemin que nous avons parcouru ensemble est assez long et je n'ai pas la prétention de vous conduire plus loin. On a dit, et il est bien vrai, que les dates de 1789 et de 1793 marquent le début d'une nouvelle période historique et sont le point de départ d'une orientation tout autre des esprits. Néanmoins la métamorphose qui s'opère dans l'âme d'un peuple comme celle qui se produit dans le décor extérieur de sa vie, ne s'accomplit pas en quelques années. La transformation matérielle du vieux Limoges aura exigé des siècles. Malgré des travaux de voirie et de nivellement considérables, malgré la démolition de deux quartiers tout entiers, malgré les grands incendies du 6 septembre 1790 et du 15 août 1864, qui ont chacun consumé plus de cent maisons, malgré la reconstruction de beaucoup d'habitations particulières et l'édification de quelques monuments publics, cette transformation n'est point entièrement achevée. Les changements dans les idées, les mœurs et les rapports sociaux n'ont pas été beaucoup plus rapides, et il semble qu'on ne doive pas prendre trop à la lettre certains passages du livre si intéressant et si précieux du reste de M. J. Juge dont je vous ai déjà entretenus. Ce n'est qu'au théâtre et dans les contes qu'on assiste à des métamorphoses instantanées. La nature n'a guère de ces changements à vue. Comme les écarts du pendule, les mouvements violents des révolutions sont toujours suivis d'une réaction qui détruit au moins en partie leurs effets. Si la population de Limoges se laissa entraîner, au cours des terribles convulsions qui marquèrent la fin du dix-huitième siècle, à de coupables excès, elle ne se trouva pas plus transformée le lendemain qu'un homme après un excès de boisson ou une crise de fureur. Quand les esprits se furent calmés et que l'ordre eût été rétabli sous la garantie d'un gouvernement conscient de son rôle et résolu à remplir ses devoirs, tout le monde revint, non sans une certaine satisfaction, à ce qu'il est permis de croire, à ses habitudes d'autrefois. La bourgeoisie reprit son existence simple et laborieuse ; les artisans retournèrent à leurs usages et à leurs chères confréries. La Révolution qui croyait avoir noyé dans le sang et écrasé sous les ruines l'ancienne société française, n'avait, en somme, porté qu'un nouveau coup au passé, et cette plaie était certes moins cruelle que la blessure du Protestantisme. Pour que le changement profond que nous constatons aujourd'hui dans les relations sociales, les mœurs et les idées des habitants de notre ville, ait pu s'opérer, il a fallu un complet bouleversement dans les conditions du travail, la substitution de la manufacture au petit atelier et à la boutique, l'abandon du foyer par la mère de famille transformée en ouvrière ; il a fallu les secousses nouvelles de trois révolutions, la diffusion de la presse, les progrès de l'alcoolisme, le débordement du luxe et de l'individualisme, l'avènement du suffrage universel : le vieil édifice s'écroule enfin sous les coups répétés qui ébranlent et désagrègent ses murailles.

L'histoire dont je viens de vous tracer le résumé, vous ne la trouverez, Messieurs, écrite en entier dans aucun livre. Mainte page manque à nos annales ; mainte autre qu'on avait pu croire exacte et définitive, est à modifier ou même à refaire complètement. Le travail de vérification et de recherches auquel il faut se livrer pour connaître avec quelque sûreté le passé de notre ville est loin d'être achevé ; mais il se poursuit avec persévérance ; il avance grâce au zèle studieux de quelques enfants de notre pays et à leur ardent amour pour le sol natal. Plus d'une existence s'est déjà usée à cette œuvre utile et modeste. Il est juste de garder la mémoire de ceux qui s'y vouèrent et de l'honorer. Aussi quand on prononcera devant vous les noms de Nadaud et de Legros, de l'abbé Texier et des frères de Verneilh, du chanoine Arbellot et de Maurice Ardant, d'Achille Leymarie et de Pierre Laforest, d'Émile Ruben et de Louis Bourdery, ne haussez pas les épaules en murmurant dédaigneusement : « Antiquaires ! » Saluez avec sympathie, avec respect, la mémoire de ces savants et de ces patriotes : ils ont droit à la pieuse gratitude de tous leurs concitoyens ; c'est à eux que nous devons de mieux connaître l'histoire de la petite patrie et, vous le savez, mes chers amis, mieux on connaît son pays, mieux on sent les liens sacrés qui nous y attachent et plus on l'aime.

Limoges. — Imprimerie-Librairie. V⁰ H. Ducourtieux, rue des Arènes.

www.ingramcontent.com/pod-product-compliance
Ingram Content Group UK Ltd.
Pitfield, Milton Keynes, MK11 3LW, UK
UKHW022334120726
13694UKWH00004B/1590